江戸時代大百科

④大百科

江戸時代の産業

監修：小酒井大悟 東京都江戸東京博物館 学芸員

ポプラ社

④ 江戸時代大百科
江戸時代の産業

もくじ

第1章◆江戸時代のさまざまな産業

第2章◆江戸時代の農業

第3章◆漁業・林業・鉱業の発達

出典

表紙
①「菱垣新綿番船川口出帆之図」にしのみやオープンデータサイト
(https://archives.nishi.or.jp/05_content-viewer.php?mkey=26168)
②歌川広重 画「水口 名物干瓢」シカゴ美術館 蔵
③歌川広重 画「六十余州名所図会 上総 矢さしか浦 通名九十九里」ミネアポリス美術館 蔵
④葛飾北斎 画「隠田の水車」シカゴ美術館 蔵
⑤葛飾北斎 画「冨嶽三十六景 甲州石班沢」シカゴ美術館 蔵
⑥葛飾北斎 画「冨嶽三十六景 尾州不二見原」メトロポリタン美術館 蔵
⑦葛飾北斎 画「駿州片倉茶園ノ不二」シカゴ美術館 蔵

扉(上から)
葛飾北斎 画「駿州片倉茶園ノ不二」シカゴ美術館 蔵
葛飾北斎 画「隠田の水車」シカゴ美術館 蔵
「菱垣新綿番船川口出帆之図」にしのみやオープンデータサイト
(https://archives.nishi.or.jp/05_content-viewer.php?mkey=26168)

もくじ(上から)
P.2
住吉具慶 画「洛中洛外図巻」東京国立博物館 蔵ColBase(https://colbase.nich.go.jp/)
宮崎安貞「農業全書」国立国会図書館 蔵
「加子母山伐木図巻 第1軸」国立国会図書館 蔵
P.3
木村喜繁「天保三年 九十五年前の伊豆」静岡県立中央図書館 蔵
立斎広重 画「東京汐留鉄道舘蒸汽車待合之図」国立国会図書館 蔵
歌川貞秀 画「西国名所之内十二赤穂千軒塩屋」たばこと塩の博物館 蔵
写真提供:輪島漆器商工業協同組合

この本の使い方

『江戸時代大百科』は、江戸時代について知りたいテーマごとに調べることができるシリーズです。4巻では、江戸時代の主な産業のようすや、それぞれの産業にたずさわる人々のようすなどを紹介しています。

● 本文中に「➡○ページ」や「➡○巻」とある場合、関連する内容が別のページや他の巻にあることを示しています。

● 本書では、年を西暦で記しています。明治5年までは、日本暦と西暦とは1か月ていどの違いがありますが、年月日はすべて日本暦をもとにし、西暦に換算していません。元号を表記する必要があるときには、「寛永年間（1624〜1645年）」のように西暦をあわせて示しています。

● この本では江戸時代について、主に17世紀ごろを前期、18世紀ごろを中期、19世紀ごろを後期、とくに1853年ごろからを末期としてあらわしています。

絵画や写真

当時のようすをあらわす絵画や、現在に残る史跡の写真などを掲載しています。

● 出典は
中台芳昌「老農夜話」東京大学史料編纂所 蔵
　　①　　　　②　　　　　③

①作者名　②作品名　③所蔵元のように示しています。

ものしりコラム

本編の内容にかかわる、読むとちょっとものしりになれるコラムを掲載しています。

● 人物
江戸時代に活躍した人物について紹介しています。

● もの
江戸時代に生まれたり、かかわりがあったりするものについて紹介しています。

● こと
江戸時代におこったできごとや事件について紹介しています。

データや図表

● グラフや表では、内訳をすべてたし合わせた値が合計の値にならなかったり、パーセンテージの合計が100%にならない場合があります。これは数値を四捨五入したことによる誤差です。

● 出典は
竹内誠 監修『江戸時代館』（小学館、2011年）「村の
　　①　　　　　　②　　　　　③　　　④
支配機構」
　⑤

①著者・監修者名　②書籍などのタイトル　③出版社
④出版年　⑤グラフや図表のタイトル
のように示しています。

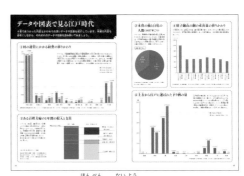

● 44〜45ページには、本編の内容にかかわるデータや図表を掲載する「データや図表で見る江戸時代」をもうけています。本文中に「➡P.44①村の運営にかかる経費の移りかわり」とある場合、44ページの①に関係のあるデータや図表が掲載されています。

はじめに

　このシリーズでとりあげる「江戸時代」とは、江戸に全国を治める幕府があった時代のことをいいます。関ヶ原の戦いに勝利した家康が将軍となり、江戸に幕府を開いたのが1603年。ここから最後の将軍・徳川慶喜が1867年に政権を返上するまでの265年間が江戸時代です。

　それでは、江戸時代とはいったいどのような時代だったのでしょうか。もっとも大きな特徴は、平和な時代であったということです。1614～1615年の大坂の陣や1637年の島原の乱などをのぞけば、大きな戦乱がおこることなく、幕府の支配が長くつづきました。これは世界の歴史のなかでも、たいへんまれなことでした。

　こうした平和のもとで、江戸時代には経済が大きく発展し、ゆたかな文化が育まれていきました。今日のわたしたちが伝統的なものとしてとらえている産業や文化、ものの考え方や生活習慣のなかには、江戸時代にはじまったものが少なくありません。江戸時代は、わたしたちのくらしや社会の基礎になっているわけです。一方で現代には引き継がれなかったことがらも、いくつもあります。

　このような江戸時代は、近すぎず、そうかといって遠すぎない過去であり、現代といろいろな面をくらべることができる、よい鏡といえます。江戸時代をふり返り、学ぶことは、現代のわたしたちのくらしや社会を知ることにつながりますし、よりよい未来を考え、創っていくうえで、活かせることや手がかりになることも見つけられるはずです。

　このシリーズでは、江戸時代について幕府のしくみ、江戸の町、交通、産業、外交と貿易、文化といったテーマをあつかっています。4巻では、江戸時代に入り、大きく発展をとげていった農業や漁業、林業、鉱業など、さまざまな産業のようすを見ていきます。

　このシリーズが、江戸時代のことに興味をもち、くわしく知ろうとするみなさんの、よい手引きとなれば幸いです。

日本史年表

縄文時代
約1万2000年前～
約2500年以前

弥生時代
約2500年以前～
約1700年前

古墳時代・飛鳥時代
約1700年前～710年

奈良時代
710年～794年

平安時代
794年～1185年

鎌倉時代
1185年～1333年

室町時代
1338年～1573年

戦国時代
1467～1573年

安土桃山時代
1573年～1603年

江戸時代
1603年～1867年*

明治時代
1868年～1912年

大正時代 1912年～
1926年

昭和時代
1926年～1989年

平成時代
1989年～2019年

令和
2019年～

＊江戸時代を1868年までとしている年表もあります。

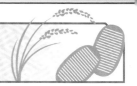

大開発と人口の増加

江戸時代は、農業をはじめとするさまざまな産業が発達した時代でした。産業が大きく発達した背景には何があったのでしょうか。くわしく見ていきましょう。

◆平和な世のなかでの発展

　1603年に江戸に幕府が開かれ、17世紀中ごろまでに幕府と大名たち（藩）による幕藩体制が整っていくと、日本の社会はしだいに安定するようになりました。江戸時代以前は戦国大名が領地をうばい合い、多くの武士が戦場で戦っていましたが、江戸時代は大きな争いのない平和な世のなかになりました。　➡①巻

　社会が安定してくるにつれて、日本の人口も急速に増えていきました。江戸時代初期には全国で1700万人ほどだった人口が、江戸時代中期になるころには3000万人以上に増えました。およそ100年のあいだに1.8倍ほど増えたのです。

　人口が増えてくると、より多くの食料が必要になります。人が生活するために欠かせない家や衣服、さまざまな道具も今まで以上に必要になってきます。それらをつくりだすために、江戸時代は各地でさまざまな産業がさかんになりました。

　幕府や藩は増える人口に対応し、自分たちの収入も増やすために領内の開発を積極的に進めていきました。その主なものが、海辺の浅瀬や湖・沼、荒れた土地などを耕作地にかえる新田開発です。18世紀のはじめころには、日本中で田や畑が増え、米などの農産物がたくさんとれるようになりました。　➡P.10

江戸時代の大規模な開発

下総国（現在の千葉県）には「椿海」という大きな湖があったが、17世紀後期の干拓工事によってすがたを消し、耕作地（椿新田）になった。椿海の干拓工事は都市に住む町人によって進められ、幕府も資金を援助した。

◀17世紀末にえがかれた下総国のようす。水色でしめした部分に椿海があった。湖の面積は約50〜70km²あったという。
「元禄国絵図下総国」国立公文書館 蔵

椿海

上總國

◀椿海があった場所に新しくできた多くの村（黄や赤の部分）。この地域は「干潟八万石」といわれる大規模な水田地帯となり、米の一大産地となった。
「元禄国絵図下総国」国立公文書館 蔵

◆多くの産業をささえた百姓

江戸時代にさかんだった産業には、主に農業、漁業、林業などがあります。とくに農業は、幕府や藩の積極的な新田開発によって各地でさかんにいとなまれました。

これらの産業にたずさわったのが、各地の村にくらす百姓たちとその家族です。江戸時代を通じて、百姓は人口の大半をしめていました。百姓の多くは村で農業をいとなみ、自給自足に近い生活を送っていました。また、魚がとれる海や川、木材がとれる山林の近くの村にくらす百姓は、農業だけでなく漁業や林業にもたずさわりました。地域によっては、漁業や林業のほうを正業にする百姓も多かったのです。

たとえば、林業がさかんな村には「杣」とよばれる人がいて、山に入って木を伐ったり、木材に加工したりしていました。木材の運搬は「日用」とよばれる人がつとめました。杣や日用も百姓として村でくらし、林業の仕事がないときは畑仕事にはげむ人もいれば、山で狩猟をしたり、炭をつくったりしてくらしを立てる人もいました。

百姓が毎年納める年貢は、村の領主である幕府や大名のもっとも重要な収入となっていました。百姓の生産力が高まれば村もそれだけ豊かになるので、領主は百姓の仕事をできるだけ安定させるようつとめました。

江戸時代には鉱業も栄えました。鉱業は、地中にある鉱石をさがして掘りだし、そこから金や銀、銅などの金属をとりだす産業です。とりだした金属は小判などのお金や、装飾品に利用されました。17世紀中ごろまでは鉱山で金や銀が多く産出され、それ以降は金や銀が減り、銅の産出量が多くなりました。

百姓が住む村

村は主に、集落、耕地、林野の3つの区域からなった。

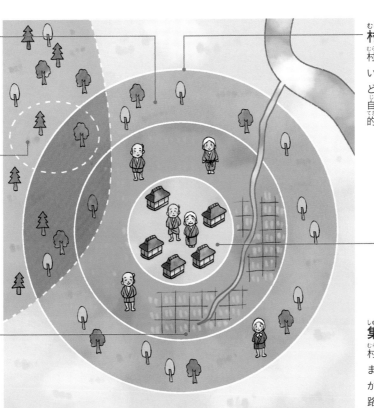

林野
耕地の周囲には山林や原野があった。山林の一部は入会地になっていた。

入会地
入会地は、いくつかの村が共同で利用する山の一部のこと。入会地では肥料となる刈敷や、牛・馬のえさとなるまぐさがとれた。入会地では薪や炭もたくさんつくられ、それらは燃料となった。

耕地
田や畑があり、百姓たちはここで一年を通しての農作業につとめた。集落の家屋と耕地には、領主から年貢が課せられた。

村の範囲
村の多くは、図のように農業をいとなむ農村だったが、漁村などもあった。それぞれの村は独自の村法（➡P.14）によって自治的に運営されていた。

集落
村の中心地で、百姓たちが集まってくらす場所。百姓の家屋が建ちならび、生活のための道路や水路も整備されていた。

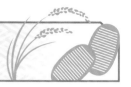

交通と産業の発展

江戸時代に入り、交通網が整備されたことも、産業の発達に大きな影響をあたえました。流通が活発となり、都市部では商業がさかんになりました。

◆くらしを豊かにする産業

江戸時代は、交通網の整備が全国的に進んだ時代でもあります。陸では街道が、海では航路が各地をむすび、人やもの、情報などが活発に行き来するようになりました。

とくに航路を行き来する船は、一度にたくさんの荷物を早く運ぶことができます。そのため、船での輸送はますますさかんになり、大坂など畿内の地域でつくられた酒や油が江戸へ、東北地方でとれた米が大坂や江戸へと運ばれていきました。

商品の流通がさかんになるとともに、城下町や港町など各地の都市がにぎわいを見せるようになりました。武士や商人ら多くの人がくらす都市部では商品の売り買いがさかんになり、経済が発達します。

そしてそれは、都市近くの村に住む百姓たちにも影響をあたえました。百姓は都市の人々に自分たちでつくった野菜を売ってお金にしたり、都市の商人と結びついて小規模な手工業による商品づくりをおこなうようになりました。

江戸時代中期ごろに各地に広まった手工業のひとつに、紙すきがあります。紙すきの技術で、楮という木の皮の繊維からつくられるのが和紙です。和紙は村々でたくさんつくられ、政治や商業、学問、芸術などの分野で記録や創作のために広く使われました。

このように、江戸時代の農業をはじめとする諸産業の発達は人々にとって便利なものをたくさん生みだし、くらしを豊かにしていったのです。

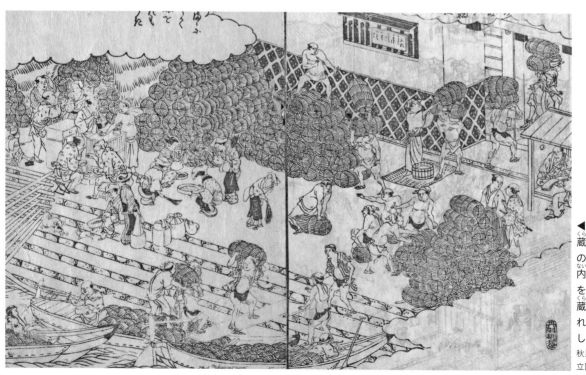

◀大坂にあった諸藩の蔵屋敷（江戸時代中期のようす）。諸藩は領内でとれた米や特産物を水運で大坂に送り、蔵屋敷におさめた。それらは大坂の商人を通して販売された。

秋里籬島「攝津名所圖會」国立国会図書館 蔵

4巻で紹介する江戸時代の主な産業。第2章から、それぞれの産業のようすをくわしく見ていこう（商業は3巻でくわしく紹介）。

農業
→P.10

主に当主夫婦とその家族が一年を通して農作業をおこなった。米のほか、麻・木綿などさまざまな商品作物を生産した。

▲千歯こきで稲を脱穀しているようす（江戸時代後期）。江戸時代には、さまざまな農具も発達した。

大蔵永常「農具便利論」国立国会図書館 蔵

漁業
→P.22

海辺の村では、漁場を管理する漁業経営者にやとわれて多くのはたらき手が漁にでた。とれた魚は食品や肥料に加工された。

▲大小の網を使って漁をしているようす（江戸時代中期）。江戸時代は、さまざまな網漁が発達した。

法橋關月 画「日本山海名産圖會」国立国会図書館 蔵

林業
→P.26

木材がとれる山林のある村で、はたらき手が木の伐採や加工、各地への運搬をおこなった。木材は都市部の建物などに用いられた。

▲山林でとれた、たくさんの木材（江戸時代後期）。貯木場に運ばれ、各地へ送られた。

土屋秀世「官材画譜」国立国会図書館 蔵

鉱業
→P.30

金や銀、銅などがとれる鉱山の多くは幕府が直接管理した。鉱山の近くには町ができ、多くのはたらき手がくらして栄えた。

▲佐渡金銀山での採掘のようす（江戸時代後期にえがかれたもの）。鉱山内に掘った坑道から金や銀を採掘する。

「佐渡の国金堀ノ巻」相川郷土博物館 蔵

手工業
→P.36

大工や鉄をあつかう鍛冶など職人がたずさわった。村では百姓が家で手工業をおこない、織物や和紙などをつくって販売した。

▲職人が陶磁器の有田焼をつくっているようす（江戸時代中期）。肥前藩（佐賀県）の特産物として知られた。

法橋關月 画「日本山海名産圖會」国立国会図書館 蔵

商業
→③巻

「天下の台所」といわれた大坂、日本最大の消費地だった江戸など都市部で発達し、商人により商品がさかんに売り買いされた。

▲江戸の呉服店（江戸時代後期）。多くの店が軒をつらね、呉服の売り買いでにぎわった。

松濤軒斎藤長秋「江戸名所図会」国立国会図書館 蔵

さかんにおこなわれた新田開発

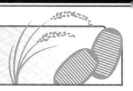

江戸時代に入ると、全国で田畑づくりに力が入れられるようになりました。これを新田開発といいます。江戸時代につくられた各地の新田を見ていきましょう。

◆開発に力を入れた幕府や藩

江戸時代、新田開発がさかんにおこなわれた時期は主にふたつあります。

最初は江戸時代前期です。このころ、幕府や藩はそれぞれの領内の開発を積極的に進めていました。領内の年貢収入を増やし、人々の生活を富ませるために、全国各地で多くの田畑がつくられます。新田開発のための治水工事(川のつけかえや用水路づくり、干拓など)も各地でおこなわれ、幕府や藩は工事にあたり裕福な町人の財力なども利用しました。

2回目は江戸時代中期、8代将軍の徳川吉宗の時代です。このころになると開発に適した土地は少なくなっていましたが、吉宗は「享保の改革」とよばれる政治改革のなかで、幕府の財政を立て直すために新田開発を推し進めました。その結果、全国の田畑の面積は江戸時代前期よりもさらに増え、多くの年貢米がとれるようになったのです。 →①巻

全国の田畑の面積の移りかわり

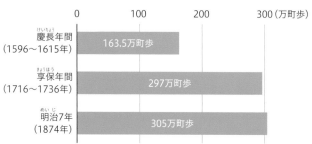

田畑の面積は、慶長年間(安土桃山時代〜江戸時代のはじめ)から吉宗が新田開発を推し進めた享保年間(1716〜1736年)までに2倍近く増えた。その後、明治時代にいたるまで田畑の面積はあまり増えなかった。

	(万町歩)
慶長年間 (1596〜1615年)	163.5万町歩
享保年間 (1716〜1736年)	297万町歩
明治7年 (1874年)	305万町歩

*「町歩」は田畑や山林の面積をあらわす単位。1町歩は1町四方の土地の面積で約9917㎡(約1ヘクタール)にあたる。
竹内誠 監修・市川寛明 編『一目でわかる江戸時代』(小学館、2004年)「田畑面積の増加」をもとに作成

小島新田
(1830〜1834年)

後潟開作
(1752年)

石見

対馬

長門

周防

壱岐

筑前

豊前

肥前

筑後

豊後

肥後

七百町新地
(1821年)

日向

高江新田
(1679〜1687年)

薩摩

大隅

江戸時代の主な新田

開発がさかんだったふたつの時期をはじめ、江戸時代を通して多くの新田がつくられた。

地図の見方

五郎兵衛新田：新田の名称

（1626〜1662年）：新田の開発または成立の時期（推定年もふくむ）

竹内誠 監修『江戸時代館』（小学館、2011年）「おもな開発新田」などをもとに作成

十三湖畔新田
（1803〜1823年）

広須・木造新田
（1681〜1727年）

陸奥

出羽

紫雲寺潟新田
（1726〜1735年）

佐渡

大潟新田
（1678年）

神戸新田
（1707〜1722年）

能登

越後

えちご

上之輪新田
（1652〜1657年）

越中

下野

上野

隠岐

加賀

飛騨

信濃

常陸

鴻池新田
（1704〜1707年）

越前

甲斐

武蔵

谷原新田
（1669年）

丹後

若狭

美濃

下総

伯耆

但馬

近江

相模

上総

椿新田➡P.6
（1670〜1695年）

因幡

丹波

山城

伊賀

尾張

駿河

美作

播磨

摂津

三河

伊豆

安房

備前

淡路

和泉

河内

伊勢

手賀沼新田
（1671年）

讃岐

大和

志摩

阿波

紀伊

遠江

飯沼新田
（1724〜1727年）

泉尾新田
（1698〜1702年）

熱田新田
（1647〜1649年）

見沼新田➡P.13
（1725〜1731年）

勘兵衛新田
（1842〜1854年）

五郎兵衛新田➡P.12
（1626〜1662年）

興除新田
（1821〜1823年）

武蔵野新田
（1722〜1736年）

福田古新田
（1725年）

相模野新田
（1818〜1856年）

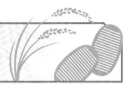

新田開発のようす

新田開発で重要なのは、田畑に十分な水を入れられる用水路をつくることです。江戸時代の開拓者や治水家はさまざまな技術を使って、各地で多くの開発を手がけました。

◆さまざまなかんがい技術

江戸時代の新田開発では、それまであまり開発の手が入らなかった台地や扇状地など高い場所にある土地にも田畑がつくられるようになりました。戦国時代から大名たちのもとで培われてきた城づくりや道路工事のための土木技術が進歩し、新田開発のための治水工事にいかされていったからです。

たとえば、川の上流部に水のとり入れ口をつくり、そこから長い用水路を通じて台地など高い土地に水を引くことができるようになりました。

このように、農業のために田や畑に人工的に水を引くことを「かんがい」といい、江戸時代に開発された田畑にはすぐれたかんがい技術が使われているものが多くあります。

各地の新田とかんがい技術

長野県の五郎兵衛新田、埼玉県の見沼新田は、江戸時代につくられた代表的な新田として知られる。田に水を引く技術もさまざまなものがあった。

五郎兵衛新田（長野県）

荒れた土地に長い水路を通す

五郎兵衛新田は、江戸時代前期の開拓者・市川五郎兵衛が現在の長野県佐久市に開いた新田です。

1626年、五郎兵衛は佐久一帯をおさめていた小諸藩（長野県）のゆるしを得て、新田開発に取り組みました。佐久は近くに大きな千曲川が流れていましたが、台地の上にあったため水を引くことがむずかしく、荒れた土地でした。そこで五郎兵衛は、山むこうの鹿曲川から約20kmにおよぶ用水路（五郎兵衛用水）を通し、新田開発を可能にしました。

▲五郎兵衛新田。高度なかんがい技術が評価され、世界かんがい施設遺産に登録されている。

▲五郎兵衛新田と周辺の現在の地図。新田より低い場所を流れる千曲川ではなく、新田より高い場所を流れる鹿曲川の上流から水を引いた。

詳説日本史図録編集委員会 編『山川 詳説日本史図録（第7版）』（山川出版社、2017年）「新田開発」をもとに作成

新田開発に使われた技術

堀貫

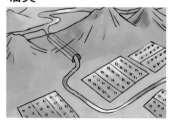

▲山などの一部をくりぬいてつくったトンネル状の水路のこと。五郎兵衛用水では4つの堀貫がつくられ、長いものは300m以上もあった。

築堰

▲平たんな土地の用水路に使われた技術。盛り土をしたところに水路を通し、低い位置の田畑に水を送るしくみ。

見沼新田(埼玉県)

幕府がつくった大きな用水路

　見沼新田は、埼玉県南部に広がる田園地帯です。江戸時代中期、この場所には見沼溜井という農業用水をためる沼地がありました。ところが、享保の改革でその見沼溜井を水田にかえることになり、溜井にかわる新たな用水路が必要になりました。そこで幕府は、見沼溜井より北を流れる利根川から水を引く大規模な工事をおこない、見沼代用水とよばれる用水路を完成させました。

　見沼溜井があった土地に水が引かれると、そこは一面の水田地帯になり、見沼新田とよばれるようになりました。また、見沼新田だけでなく、見沼代用水周辺の地域(現在の加須市や鴻巣市など)も豊かな水田地帯となったのです。

▲見沼新田。1980年代以降は畑が増えたが、一部の地域にまとまった水田が残っている。

新田開発に使われた技術

伏越

▶もともとあった川を横断するため、川の下に木造の水路をつくり、水をくぐらせて流す方法。見沼代用水では53か所にもうけられた。

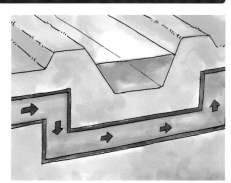

掛渡井

▶伏越とは反対に、川の上に水路を渡す方法。川の上に橋をかけて、水を通した。見沼代用水では4か所にもうけられた。

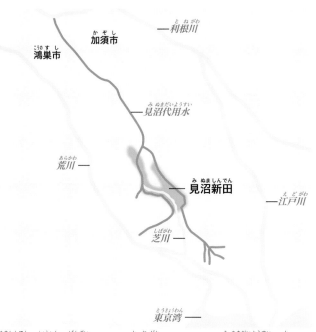

▲見沼新田と周辺の現在の地図。利根川から引かれた見沼代用水は途中でふたつに分かれ、広大な水田地帯に多くの水を運んだ。
「見沼たんぼのホームページ」(さいたま市)、詳説日本史図録編集委員会 編『山川 詳説日本史図録(第7版)』(山川出版社、2017年)「新田開発」をもとに作成

ものしりばなし　見沼新田の生みの親　井沢弥惣兵衛

　見沼新田や見沼代用水の開発にたずさわったのが、江戸時代の治水家・井沢弥惣兵衛です。紀伊藩(和歌山県)の藩士だった弥惣兵衛は、藩主・徳川吉宗が8代将軍として江戸に移ると幕臣に召され、全国の治水事業や新田開発をまかされました。見沼代用水は弥惣兵衛が手がけた代表的な治水事業のひとつで、80km以上の用水路をわずか半年ほどで完成させるなど、すぐれた成果をあげました。

▲見沼新田がある地域につくられた緑地公園には、弥惣兵衛の銅像が建っている。

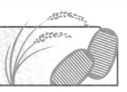

村のしくみと百姓のつとめ

農業の主なにない手だった百姓は、村の中でどのような社会をかたちづくっていたのでしょうか。江戸時代の村のしくみや、百姓たちのつとめを見てみましょう。

◆自治的に運営された村

　江戸時代では、全人口の約8割を百姓とその家族がしめていました。

→P.44②ある百姓夫婦の1年間の収入と支出

百姓たちは村に住み、自給自足に近い生活をしていました。百姓には、自分で農地をもち、年貢を納める義務を負っていた本百姓と、農地をもたない水呑み百姓などがいました。水呑み百姓は年貢などの負担がないかわりに、村の政治（村政）に参加することをゆるされていませんでした。

　江戸時代になると、幕府や藩は村ごとに年貢を課すとともに、法令を定めて百姓を統制しまし

た。しかし、実際に村を運営していたのは「村方三役」とよばれる村役人たちでした。

→P.44①村の運営にかかる経費の移りかわり

村方三役には、村の長である名主（庄屋）、村の中の小さな集落の長である組頭、村の代表である監査役の百姓代がいました。村方三役はひとつの家が代々継ぐこともあれば、村人から推薦されて決まる場合もありました。また、入札とよばれる村の選挙で選ばれることもありました。

　村は独自の法（村法）にしたがい、自治的に運営されていました。村法をやぶると、その人は罰金や懲罰を課せられたり、「村八分」といってほかの村人と絶交となったりすることもありました。

百姓がくらす村のしくみ

江戸時代を通して、おおむね図のようなしくみになっていた。百姓たちに年貢を課す領主が村を直接支配していたわけではなく、村方三役などが村を運営し、郡代・代官との窓口になっていた。

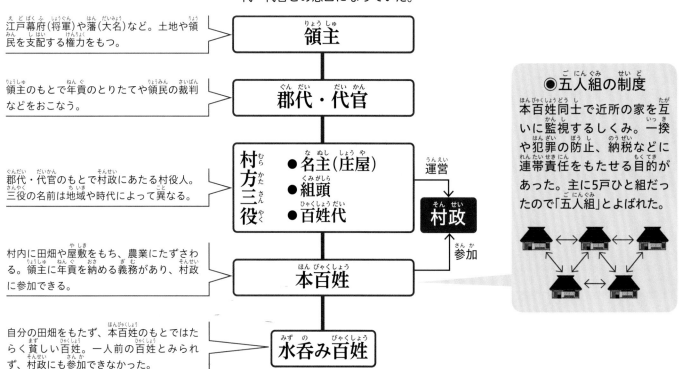

江戸幕府（将軍）や藩（大名）など。土地や領民を支配する権力をもつ。 → **領主**

領主のもとで年貢のとりたてや領民の裁判などをおこなう。 → **郡代・代官**

郡代・代官のもとで村政にあたる村役人。三役の名前は地域や時代によって異なる。 → **村方三役**
- ●名主（庄屋）
- ●組頭
- ●百姓代

村内に田畑や屋敷をもち、農業にたずさわる。領主に年貢を納める義務があり、村政に参加できる。 → **本百姓**

自分の田畑をもたず、本百姓のもとではたらく貧しい百姓。一人前の百姓とみられず、村政にも参加できなかった。 → **水呑み百姓**

村政 ←運営／参加

●五人組の制度

本百姓同士で近所の家を互いに監視するしくみ。一揆や犯罪の防止、納税などに連帯責任をもたせる目的があった。主に5戸ひと組だったので「五人組」とよばれた。

竹内誠 監修『江戸時代館』（小学館、2011年）「村の支配機構」をもとに作成

百姓のつとめ

村にくらす百姓の主なつとめは、土地に課せられた税である年貢を郡代や代官におさめることだった。年貢以外にもさまざまな負担があった。

年貢（本途物成）

年貢は、百姓の田や畑、家屋に課せられる税。「本途物成」「本年貢」ともいう。収穫した米（年貢米）、またはお金で納めた。領主が収穫米の4割を年貢として得て、残りを百姓が得ることを「四公六民」、両者が収穫米の半々を得ること「五公五民」という。

年貢額の決め方

年貢額の決め方は検見法と定免法のふたつあった。検見法は、毎年秋に役人が村にやって来て、稲の実り具合を見ながら年貢額を決める方法。しかし、役人への旅費や接待費がかさむなどの理由から、18世紀中ごろ以降は定免法にかわった。定免法は、一定期間内は豊作・不作に関係なく一定額の年貢を納めるというものだった。

▲検見役人が村の田の稲を調査しているようす。
中台芳昌校訂「老農夜話」東京大学史料編纂所 蔵

年貢となる米を、わらで編んだ米俵に入れて運ぶ百姓たち。

たくさんの米俵を運ぶので船や馬をつかうことが多かった。

年貢米をおさめておく蔵。たくさんの米俵が積まれている。

年貢納めには、郡代や代官のもとではたらいた「手代」とよばれる下役人が立ち会った。

米俵を運ぶとき、途中で米つぶがこぼれ落ちるので、あらかじめ俵には少し多めの米を入れた。

▲江戸時代後期のころの、百姓が年貢米を納めているすがたをえがいたようす。年貢米は村にある蔵にいったん納められたあと、領主のもとへ運ばれた。
中台芳昌校訂「老農夜話」東京大学史料編纂所 蔵

百姓のその他の負担

小物成	山林や野、海、川などの利用に課せられる雑税。これらの場所から得られた利益にも税が課せられた。年貢（本途物成）に対し、「小年貢」ともよばれた。江戸時代前期は米や米以外の現物で納めていたが、中期からはお金で納めることが多くなった。
国役	河川や道路の改修費、朝鮮使節の来日にかかる費用などを負担する臨時の税。一国単位で課せられた。
伝馬役	主に街道近くの村に住む人々に課せられたつとめ。公用の人や物の通行・輸送のために、決められた数の人馬を提供する必要があった。

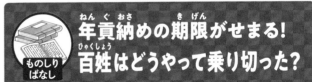

ものしりばなし 年貢納めの期限がせまる！百姓はどうやって乗り切った？

年貢納めの期限は毎年12月でした。無事に期限までに年貢を納められればよいのですが、なかにはそうでない百姓もいました。そうした百姓は名主などからお金を借りたり、自分の田畑を質に入れたりして、何とか年貢納めができるようにしたといいます。村できちんと年貢が納められなければ村全体の責任になりますから、名主らも困っている者には手を差しのべたようです。

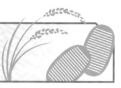

農村のようす

第2章│江戸時代の農業

百姓のくらしは四季折々の農作業を中心に回っていました。一年を通しての仕事や、百姓とその家族たちがくらした江戸時代の農村のようすを見てみましょう。

◆お互いのくらしをささえ合う

江戸時代中期以降、農村はだいたい50〜100戸の農家からなり、ひとつの村で500石ほどの石高となっていました。百姓たちはそこで、米や麦、野菜など農作物の生長に合わせた生活を送っていました。

春は田おこし、初夏は田植えや雑草とりなどをおこないます。秋になると稲刈りや脱穀などの収穫作業があり、農作業がない冬は家の中でせっせと来年の仕事の準備をして過ごしました。

田植えや稲刈りは、短い期間にとくに多くの人手を必要とする作業です。そのため一家総出の作業となり、近所に住む百姓たちにも協力してもらいました。このように村の人々は協力し合うことで、お互いの仕事やくらしをささえ合っていたのです。

また、村では豊作を神にいのる神事や祭りなど四季折々の行事があり、農作業にいそがしい百姓たちのつかの間の楽しみとなっていました。

稲作の一年

百姓たちは春から秋まで農作業に明け暮れた。休みの日は、正月の三が日や5月の端午の節句、7月の七夕などで、田植えや稲刈りのあとにも休養日があった。

◀左は、田おこしのようす。いまはトラクターでおこなうが、昔は馬や牛を使った。
中台芳昌校訂「老農夜話」東京大学史料編纂所 蔵

春 小さな俵につめたモミ（稲の種）を池や川にひたし、芽をだしやすくする。その後、馬や牛にくわを引かせて田をたがやし（田おこし）、肥料をよくまぜる。

◀初夏の田植えのようす。前もって5月ごろに田植え用の苗を育てておく。
中台芳昌校訂「老農夜話」東京大学史料編纂所 蔵

夏 6月に田植えをおこなう。夏のあいだは3回ほど草取りをする。また、田を荒らす動物への対策として、かかしを立てるなどした。

◀稲刈りのようす。晴れた日に村のあちこちでおこなわれる。
中台芳昌校訂「老農夜話」東京大学史料編纂所 蔵

秋 村の人々が協力し合って収穫作業。稲は乾燥させたあと各家に持ち帰り、脱穀や俵づめをする。豊作の年は、たくさんの米俵が蔵の前に積まれた。

◀農作業などで使う縄をなうようす。冬のあいだに1年間に必要な分をつくっておく。
中台芳昌校訂「老農夜話」東京大学史料編纂所 蔵

冬 冬は農作業ができないため、来年の作業でつかう縄やむしろ、俵などをつくって過ごした。また、城下町などへ出稼ぎにいく者もいた。

百姓のくらし

名主など一部の裕福な百姓は大きく立派な家に住んだが、村の多くの百姓の衣食住はつましいものだった。図は、江戸時代前期の洛外（京都の郊外）の農村のようす。

住まいは萱や藁ぶきの質素なつくりだった。また、家の中は畳敷きではなく、板の間やすのこを敷いていることが多かった。

衣服は麻布や木綿を用いることが多かった。腰などに巻く帯は、はたらくときに動きやすい細帯がふつうだった。

住吉具慶画「洛中洛外図巻」東京国立博物館 蔵 出典：ColBase（https://colbase.nich.go.jp/）

農作業に使うくわが見える。農具は百姓たちのあいだで改良され、時代を経るたびに便利になっていった（➡P.18）。

米俵に入った米をきねで精米しているようす。正月や婚礼のときなど特別な日は、米だけのご飯を食べた。

百姓の食べ物

ふだんは米に麦や粟、稗などの雑穀をまぜた「かて飯」を食べていた。稗は寒さに強く、凶作でもよく育ち保存もきくので、村でよく栽培されていた。

◉粟

◀イネ科の一年草。実は小粒で黄色（左）。米のように炊くなどして食べた。

◉稗

◀イネ科の一年草。粟の実と同じように炊くなどして食べた。

村の年中行事

村では、さまざまな年中行事があった。田植えの時期には神田（神社が所有する田）に苗を植える御田植神事、夏には害虫を村の外に追いだす虫送り、正月には門松やしめ縄を燃やすどんど焼など。これらの行事はいまも各地で見ることができる。

◀愛知県稲沢市で現在もおこなわれている虫送りの行事。

写真提供：稲沢市教育委員会

17

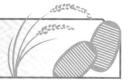

農具や肥料の発達

新田開発がさかんになるとともに、農作業に使う農具や肥料なども発達し、農業の発展をうながしました。江戸時代はどのような農具や肥料が使われていたのでしょうか。

◆便利な農具がたくさん生まれる

　江戸時代はそれまで使われていた農具が改良されたり、新しい農具が考案されたりして、広く農村に普及しました。たとえば、せまい耕地を深くたがやすことができる備中ぐわや、低い場所から高い場所へ水をくみ上げる踏車、一度にたくさんの脱穀ができる千歯こきなどです。また、肥料は主に刈敷＊1きゅう肥＊2でしたが、江戸時代中期以降はいわしやにしんを原材料とする、より栄養価の高い金肥も使われるようになりました。

　こうした農具や肥料の発達とともに、農作物の生産量を増やすために稲の品種改良も進められます。とくによく実っている稲を選び、何年もかけて増やしていくことで、その土地や気候に合った品種をつくっていきました。

▲江戸時代後期の農村での脱穀のようす。千歯こきなど、さまざまな農具が見られる。中台芳昌校訂「老農夜話」東京大学史料編纂所 蔵

江戸時代に発達した農具や肥料

少ない人数で田畑をたがやし、力をかけずに作業できるなど、農作業の苦労を減らす農具がたくさんつくられた。

千歯こき

くし状の竹に稲をはさみ、手前に引くことで脱穀できる。それまでの「こきばし」という農具に比べ、短時間でより多くの脱穀ができるようになった。江戸時代中期から広まった。

踏車

水車の一種で、水路より高い場所にある田へ水をくみ上げる。羽根板の部分を踏んで羽根車をまわすことにより、水がくみ上げられる。江戸時代前期から広まった。

＊1刈敷…山野で刈ってきた草や葉を田畑に埋め、腐らせて肥料にしたもの。
＊2きゅう肥…家畜の糞尿にわらなどを混ぜ、腐らせて肥料にしたもの。

出版文化の発達で全国に広まる
農業技術を伝える本

江戸時代に入ると「農書」とよばれる本が多く読まれるようになります。農書には、農具の使い方や農作物の育て方などの農業技術が絵や文で紹介されていました。江戸時代前期、新しい栽培技術などを記した農書『清良記』が登場し、1697年には農学者・宮崎安貞による『農業全書』が出版されます。『農業全書』は農書としてはじめて木版印刷で出版（➡6巻）されたもので、全国に広まり、その後の農書にも大きな影響をあたえました。

▲『農業全書』。安貞が農村での生活で経験したことや、日本各地の農業を調査・研究した知識をもとに書かれている。

宮崎安貞「農業全書」国立国会図書館 蔵

備中ぐわ

田植えの前などに土をかき混ぜる農具。くわの刃先が2〜5本に分かれているため、土がつきにくく、深くたがやすことができる。江戸時代中期から広まった。

からさお

脱穀のための道具で、棒の先に回転する木がついており、これを穀物に打ち付けて脱穀する。稲のほかに麦や豆類、そばの実などにも使われた。

唐箕

千石どおしと同じく穀物を選別する道具で、中国から伝わった。機械の上から穀物を入れ、手動で風をおこして、軽いもみがらやごみなどを吹き飛ばす。江戸時代中期から広まった。

ここをつかんで回すことで、機械の中で風をおこす。

千石どおし

ぬかや育ちの悪い米など不用なものと、よく育った米を選別する道具。網の下に不用なものが落ちていき、よい米だけが網の上を流れていく。江戸時代中期ごろから使われるようになった。

肥料（金肥）

干鰯

〆粕

いわしやにしんを乾燥させてつくる干鰯や、それらの魚を煮て油をしぼりとった〆粕などは、金肥とよばれ広く普及した。これらは稲作のほかに綿や藍などの商品作物（➡ P.34）の栽培にもよく使われた。

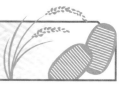

石高の増加

江戸時代を通して、農業の生産量は大きく増えました。全国でどのように増えたのか、「石高」という数値を参考に時代別、国別に見ていきましょう。

◆検地で決められた石高

その土地の生産力を米の量（米の収穫高）であらわしたものを「石高」といいます。石高は500石とか50万石とか、「石」という単位を使いました（1石は10斗、10斗は約180リットル）。数字が大きいほどその土地は生産力があり、経済価値が高いということになります。

米以外の農産物である麦や稗、さまざまな野菜、川でとれる魚などもすべて米の量に換算されて土地全体の石高となりました。

石高は幕府や藩による検地（土地調査）で決めら

れました。検地では、田畑や屋敷地などの面積をはかり等級をつけ、石高を定めました。

江戸時代を通して、幕府や大名の領地をはじめ、各地の村々の経済規模はこの石高であらわされました。領主（将軍や大名）が村に課した年貢高も、この石高に応じて決められたのです。

江戸時代は大規模な新田開発がさかんにおこなわれ、田畑の面積が拡大したことにともない全国の石高も増えました。これに加え、農具や肥料などの発達もあって、農業生産量の増加につながっていったのです。

▲江戸時代後期、幕領の代官による検地のようす。安藤博 編「徳川幕府県治要略」国立国会図書館 蔵

江戸時代直前の時期（1598年）と明治時代の初期（1873年）もふくめて、農業の生産量の変化を石高の移りかわりから見ていこう。

全国の総石高の移りかわり

全国の石高は、江戸時代になる前の1598年（慶長3年）と、江戸時代が終わったばかりの1873年（明治6年）を比べると70パーセント以上増えている。江戸時代中期以降はききんや火山の噴火など天災が多くあり、石高は一時的に減るが、全体的な農産物の増産につながった。

▲かつての出羽国南部にあたる山形県（写真は現在の庄内地方の田園）。江戸時代に大きく石高を増やした地域で、現在も日本有数の米どころとして知られる。

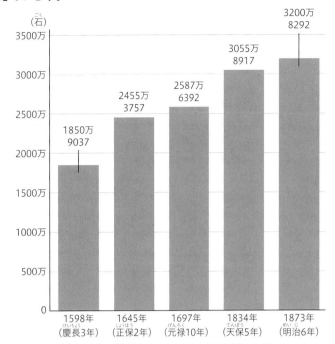

年	石高
1598年（慶長3年）	1850万9037
1645年（正保2年）	2455万3757
1697年（元禄10年）	2587万6392
1834年（天保5年）	3055万8917
1873年（明治6年）	3200万8292

永原慶二 監修『岩波日本史辞典』（岩波書店、1999年）「近世国別石高変遷表」、竹内誠 監修・市川寛明 編『一目でわかる江戸時代』（小学館、2004年）「石高の推移」をもとに作成

国別の石高の移りかわり

国別に見ると、江戸時代になってから開発がさかんに進められた陸奥国や出羽国（現在の東北地方）などが石高をのばした。

- 100万石以上の増加
- 50万石以上の増加
- 10万石以上の増加
- 10万石未満の増加
- 石高の減少

国名	1598年の石高	1873年の石高
陸奥国	167万2806石	299万9418石
出羽国	31万8095石	151万4180石
常陸国	53万8石	92万1629石
下野国	37万4083石	76万1523石
上野国	49万6377石	63万5766石
下総国	39万3255石	68万5027石
上総国	37万8892石	42万7313石
安房国	4万5045石	9万5641石
武蔵国	66万7126石	128万2000石
相模国	19万4034石	29万9469石
伊豆国	6万9832石	8万2690石
駿河国	15万石	25万1865石

国名	1598年の石高	1873年の石高
遠江国	25万5160石	37万2878石
三河国	29万715石	47万2373石
尾張国	57万1737石	76万4976石
甲斐国	22万7616石	31万1502石
信濃国	40万8358石	77万9462石
飛騨国	3万8000石	5万7243石
美濃国	54万石	72万9831石
佐渡国	1万7030石	13万5095石
越後国	39万770石	114万9017石
越中国	38万298石	87万7760石
能登国	21万石	30万5482石
加賀国	35万5570石	50万8609石
越前国	49万9411石	69万243石
若狭国	8万5000石	9万1767石
近江国	77万5379石	85万7757石
伊勢国	56万7105石	71万4376石
志摩国	1万7854石	1万9279石
伊賀国	10万石	11万917石
紀伊国	24万3550石	44万4162石

国名	1598年の石高	1873年の石高
摂津国	35万6069石	41万6521石
和泉国	14万1512石	17万1295石
河内国	24万2105石	29万3708石
大和国	44万8945石	49万7404石
山城国	22万5262石	22万2265石
丹波国	26万3887石	32万9465石
丹後国	11万784石	14万8002石
但馬国	11万4235石	14万8147石
播磨国	35万8534石	66万557石
美作国	18万6018石	26万2333石
備前国	22万3762石	41万8960石
備中国	17万6929石	37万1441石
備後国	18万6150石	31万5511石
安芸国	19万4150石	31万3164石
周防国	16万7820石	55万2160石
長門国	13万660石	45万8143石
因幡国	8万8500石	19万5632石
伯耆国	10万947石	25万1067石
出雲国	18万6650石	32万709石

国名	1598年の石高	1873年の石高
石見国	11万1770石	18万2136石
隠岐国	4980石	1万2562石
淡路国	6万2104石	13万6637石
阿波国	18万3500石	30万7732石
讃岐国	12万6200石	31万1064石
伊予国	36万6200石	44万2079石
土佐国	9万8200石	51万572石
筑前国	33万5695石	63万3434石
筑後国	26万5998石	53万6841石
豊前国	14万石	36万6948石
豊後国	41万8313石	45万9148石
肥前国	30万9935石	69万1444石
肥後国	34万1220石	85万1237石
日向国	12万88石	41万8142石
大隅国	17万5057石	26万1793石
薩摩国	28万3482石	32万3483石
壱岐国	1万5982石	3万5042石
対馬国	—	—
琉球国	—	—

永原慶二 監修『岩波日本史辞典』（岩波書店、1999年）「近世国別石高変遷表」、竹内誠 監修・市川寛明 編『一目でわかる江戸時代』（小学館、2004年）「国別の石高」をもとに作成

江戸時代の漁業のようす

江戸時代は農業だけでなく漁業も発展しました。それまでは主に食料として必要な分だけとられていた魚が、農業用の肥料にも利用されるようになり、漁獲量が増えていきました。

◆水産物の需要が高まる

日本はまわりを海で囲まれているため、古くから漁業がさかんにおこなわれていました。江戸時代に入ると、江戸や大坂をはじめとする各地の都市で水産物の消費が高まったことにより、海ぞいの地域に多くの漁場が開かれました。

上総国・下総国（現在の千葉県）にまたがる九十九里浜や、越中国（現在の富山県）灘浦など、全国の漁場がにぎわいを見せ、たくさんの魚がとれました。

このようにして得られた魚は、漁にたずさわる人々の食料になったほか、新鮮なまま漁場近くの町で売られたり、干しあわびやかつおぶしなどの加工品になったりして全国に流通しました。

また、農業に使う肥料である金肥の原材料として、たくさんのいわしやにしんなどが用いられました。 →P.19

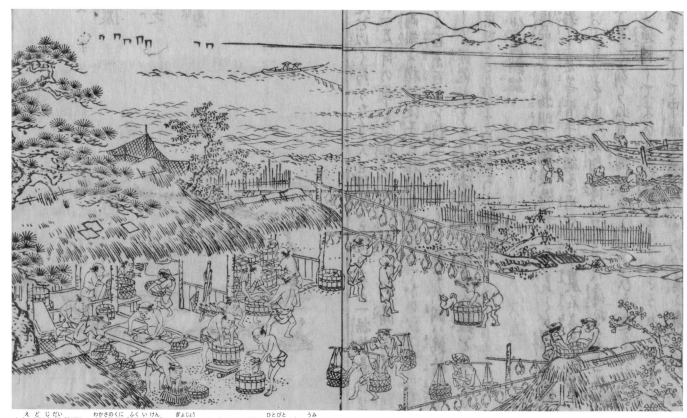

▲江戸時代後期の若狭国（福井県）の漁場のようす。村の人々が、海からとってきたかれいを塩づけにしたり、さおにつるして干したりしている。

江戸時代の主な漁場

幕府の拠点がある江戸が大消費地として発達していくと、江戸に近い地域やそれより北にある地域の漁場も急速に発展していった。

江差

江戸時代中期からにしん漁がさかんで、蝦夷地（現在の北海道）有数の漁場のひとつだった。また、にしんの加工品などの交易でも栄え、北前船（➡3巻）が行き来する商業港だった。

五島

五島（五島列島）は、長崎県西部の東シナ海にある大小の島々。くじらが多く回遊する有川湾では、江戸時代前期から捕鯨がさかんだった。

灘浦

灘浦は富山湾北西部にあたる海域。江戸時代前期からぶりの定置網漁（➡P.24）がおこなわれ、灘浦沿岸にはいまでも多くの漁村がある。

◀江戸時代後期の五島での捕鯨のようす。捕鯨の技術は西日本から全国に広まっていった。
歌川広重画「諸国名所百景 肥前五嶋鯨漁の図」国立国会図書館 蔵

九十九里浜

九十九里浜は、千葉県東部の海ぞいにある約60kmの長い砂浜。九十九里浜の沖は古くからいわしが多く、江戸時代には漁がさかんにおこなわれ全国有数のいわしの産地として発展した。とれたいわしを日干しにしてつくる干鰯は肥料の金肥になった。

▲九十九里浜での地引網漁（➡P.24）のようす。
歌川広重画「六十余州名所図会 上総 矢さしか浦通名九十九里」国立国会図書館 蔵

紀伊半島

紀伊半島の沿岸部は捕鯨で栄え、半島南部の太地（和歌山県太地町）では1606年に日本初とされる捕鯨を専門的におこなう組織「鯨組」が結成された。

土佐湾

土佐湾は、江戸時代前期からかつお漁や捕鯨がさかんだった。

ものしりばなし

江戸時代の松林が豊かな漁場になった
真鶴半島の魚つき保安林

神奈川県真鶴町にある真鶴半島は、松をはじめとする大きな木々におおわれています。そのはじまりは江戸時代前期までさかのぼります。大火がつづき、多くの家屋が焼けたことを受けて、幕府は木材の確保を目的として小田原藩（神奈川県）に真鶴半島に松の木を植えさせました。明治時代に入り、国はこの松林を「魚つき保安林」に指定します。魚つき保安林とは、森林の栄養分が地下を通って海に流れ、魚が集まる豊かな漁場となっている場所のことです。古くから漁業がさかんな真鶴に住む人々は魚つき保安林を「お林」とよび、いまでも大切に守っています。

▲真鶴半島の魚つき保安林。写真提供：真鶴町

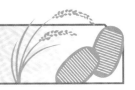

漁法の発達と網元制度

水産物の需要が高まり、たくさんの魚をとることが必要になると、各地で漁法や漁に使う漁具が発達していきました。

◆畿内の漁法が関東に伝わる

江戸時代以前は、畿内など西日本が漁業の中心地でした。江戸に幕府が開かれ、江戸やその周辺の沿岸部に多くの漁場ができるようになると、やがて畿内のすぐれた漁業技術が関東に伝わっていきました。

また、魚をとるための網が発達しました。江戸時代中期以降は、わらでできた縄にかわり、細いうえにじょうぶな麻糸が網に使われるようになります。じょうぶで大きな網がつくられるようになると、一度にたくさんの魚をとることができるようになりました。

網を使った漁法で、西日本から全国に広がったものに地引網漁があります。遠浅の砂浜に適した地引網漁は房総半島などに伝わり、九十九里浜ではたくさんのいわしをとる漁にいかされました。

しかし、漁にたずさわるすべての漁師が、大きな網や漁船など便利な漁具をもっていたわけではありませんでした。そこで、それらを所有している網元とよばれる漁業者が、多くの漁師をやとって漁をおこなう網元制度も生まれました。

江戸時代に発達した主な漁法

とる魚や漁場によって網の種類や漁法を使い分けることで、江戸時代には多くの魚がとれるようになった。これら漁法の多くは現在の漁業でも使われている。

地引網漁

まず、海の中に大きな網を弓状にかける。そして、タイミングを見はからって網の両端を岸辺から引きよせ、網にかかった魚を一度に引き上げる。「引き子」とよばれる網を引く人が、大勢でおこなっていた。畿内から関東地方やその他の地域に伝わった代表的な漁法のひとつ。

刺し網漁

魚が通過する場所をえらんで、海の中に細長い帯状の網をたてに張り、網目に引っかかる魚をとる。網の上には浮き具、下には重りをつけて網が海の中でたるまないようにした。

定置網漁

海の中に道網や袋網（地域によってよび方が変わる）をしかけ、そこに魚の群れを誘導する。魚の通り道に設置することで魚が道網にそって入り、袋網からでられないしくみになっている。

江戸時代の網元制度

さまざまな漁法が生まれ、沿岸や沖合での漁がさかんになると、漁場がある村の裕福な者が網元となり、数人から数十人の労働者（網子）をやとって漁をおこなう網元制度ができた。網元の多くは町の商人と取り引きし、網子の生活も援助した。

網元制度のしくみ

網子　網子　網子

網元にやとわれ、漁期になると海にでて魚をとった。

網や船を網子に貸す。とれた魚は網元と網子で分けた。

網元

地域の漁業経営者。漁場をおさめ、多くの網子をやとった。

網元と商人のあいだで水産物を取り引きする。

商人

主に魚問屋。城下町などにくらし、水産物をあつかう。

魚見櫓

高い場所にもうけた櫓。見張り役はここから魚の群れが湾内に入るのを確認し、網小屋にいる網子に伝えた。

網小屋

沿岸にもうけられた小屋。網子たちはここで何日も魚の群れを待ち、すぐに漁にでられるように準備していた。

へら取

網元（津元）と網子のあいだに立ち、網子に指示をだした。魚を買いつけにくる商人との交渉もおこなった。

富士山

網元

村の漁業経営者。図では、へら取とともに漁を見ている人か。内浦地域では、網元にあたる人を「津元」といった。

手伝人

網子だけでなく、網子の家族やほかにやとわれた人々も漁を手伝った。図では、海に入って魚をつかまえたり、岸で魚を引き上げたりしている。

網子

網元にやとわれて漁をする人々。図では、漁船に乗って海の中に網を張っている。

▲図は、江戸時代後期の伊豆国（静岡県）内浦地域での立網漁のようす。網で魚の群れを囲い、岸へと追いこんでいく。

木村喜繁「天保三年 九十五年前の伊豆」静岡県立中央図書館 蔵

25

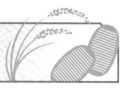

江戸時代の林業のようす

第3章 漁業・林業・鉱業の発達

日本の国土の多くは山地や森林でしめられています。山や森林から人々の生活に必要な木材を得る林業は、江戸時代の重要な産業のひとつでした。

◆むやみな伐採を禁じる

古くから日本では、山や森林から木材を得ていました。江戸時代では早くから、主に都市部で城や大名屋敷、町屋、寺社などを建てるために多くの木材が使われました。また、河川や道路を整備するための工事などにも大量の木材が必要とされました。このように、江戸時代は林業がもっとも重要な産業のひとつだったのです。

しかし、17世紀なかばになると、各地で森林資源が不足するようになります。それまでの木の伐りすぎや、積極的な新田開発のため森林が田畑にかえられたりしたことなどが原因でした。また、山の木々が少なくなった影響で土砂くずれなどの災害がおこりやすくなりました。

そこで江戸幕府や藩は、領内で管理する山林を「御林」としてさだめ、領民に勝手に山へ入って木を伐ることを禁じました。さらに、木が少なくなった山林で植林などをおこない、森林資源の回復につとめるようになりました。

熊沢蕃山
（1619〜1691年）
江戸時代前期の儒学者。岡山藩（岡山県）で治水工事などの藩政にたずさわった。著書のなかで、諸国の山林はほとんどが裸山だと当時の山林のようすを憂えた。
公益財団法人藤樹書院 蔵

江戸時代の木材の主な産地

全国の山林で木材が産出され、各地に出荷された。

奈良（吉野杉）

奈良県南部を流れる吉野川流域には、多くの杉が見られる。室町時代から植林がおこなわれ、江戸時代中期には現在の鹿児島県屋久島の杉種を移して品種改良をはかったといわれている。吉野川の水運で和歌山の港に運び、そこから京都や大坂などへ送られた。主に酒樽の材料などに使われた。

▲吉野杉の林。

宮崎（飫肥杉）

宮崎県南部の日南市付近には、杉の林が広がっている。江戸時代前期、飫肥藩（宮崎県）の財政をささえるために植林がはじまり、やがて飫肥の木材は各地に出荷されるようになった。1686年には、木材を運ぶための運河である堀川運河もつくられた。

▲飫肥杉の林。

江戸時代の林業をいまに伝える
飛騨の『官材画譜』

　江戸時代後期に、林業のようすを伝える書物がいくつか書かれています。そのなかのひとつが『官材画譜』です。『官材画譜』は、現在の岐阜県北部、飛騨高山の役人だった土屋秀世が、絵師の松村梅宰とともに飛騨地方をまわり、伐採や木材の運送などについてまとめたものです。江戸時代の林業の技術だけでなく、そこではたらく人々のようすがいきいきとえがかれています。

▲『官材画譜』の内容。木の伐り方や木材の運送法などをくわしく記している。
土屋秀世「官材画譜」国立国会図書館 蔵

▲『官材画譜』の表紙。「天」と「地」の2冊からなる。
土屋秀世「官材画譜」国立国会図書館 蔵

長野（木曽檜）

長野県南西部の木曽地域には、檜の天然林が広がっている。江戸時代のはじめのころから木曽の山々は尾張藩（愛知県）の領地となり、檜をはじめとする林業が藩の産業として発展した。また、木曽の木材は幕府が優先的に利用できた。

▲木曽檜の林。

青森（青森ひば）

青森県の津軽半島と下北半島には、ひばをはじめとする天然林が広がっている。江戸時代、津軽地方をおさめていた弘前藩（青森県）や、下北半島など南部地方をおさめていた盛岡藩（青森県・岩手県）がひばの森林を管理し、その維持につとめた。

▲青森ひばの林。

秋田（秋田杉）

秋田県の北部を流れる米代川の流域には、杉の天然林が見られる。江戸時代前期には秋田藩（秋田県）が「国の宝は山であり、山のおとろえは国のおとろえである」として、天然林の伐採を制限し、保護や植林につとめた。

▲秋田杉の林。

静岡（天竜杉）

静岡県浜松市の北部をしめる天竜区には、杉林が多く見られる。室町時代、この地に建つ秋葉神社が境内に杉や檜を植林したのがはじまりと伝えられている。江戸時代中期以降、杉の植林がさかんになり、たくさんの木材が天竜川の水運で江戸に運ばれた。

▲天竜杉の林。

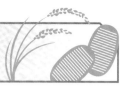

山林ではたらく人々のようす

江戸時代の林業は、どのようにおこなわれていたのでしょうか。林業をなりわいとする人々やその仕事ぶりをくわしく見ていきましょう。

第3章 漁業・林業・鉱業の発達

◆林業にたずさわる杣や日用

林業のはたらき手には、山に入って木を伐ったり運んだりする杣や日用とよばれる人々がいました。たとえば、いまも日本有数の林業地として知られる木曽地方のようすを見てみましょう。

→P.45③木曽の杣と日用の人数(1837年ごろ)

木曽の山々を管理していたのは御三家のひとつである尾張藩(愛知県)でした。尾張藩は、伐採の時期になると地元の杣や日用をやとって木材を得ていました。ときには畿内からも多くの杣や日用をやとい入れていたといいます。

林業は毎年春にはじまります。まず杣たちが山へ入り、斧や山刀などを使って木を伐りたおします。伐採の作業は秋までつづきました。杣の作業が終わると、次に日用たちが木材の運搬作業にとりかかります。運搬には木材を山からおろす作業、川の流れを利用して木材を集材所に運ぶ作業などがありました。

ちなみに、木曽地方では米のかわりに木材を年貢として藩におさめる木年貢という制度がありました。山地は水が少なく田がつくりにくいので、米もあまりとれません。そこで人々は木年貢を納め、藩は木年貢の伐採や運搬といったはたらきに対して米をあたえていました。

林業にたずさわる人々

木を伐る杣たちは作業場の近くに小屋を建て、秋まで共同生活を送りながら仕事にはげんだ。

杣

◀木を伐採する専業の職人で「木こり」ともいう。山に入って木を伐り、木を加工して木材にするまでの作業を担当した。
土屋秀世「官材画譜」国立国会図書館 蔵

日用

◀木材の運搬などを担当する人々。杣が伐りだした木材を山からおろし、水運を利用して運びだした。
土屋秀世「官材画譜」国立国会図書館 蔵

▲◀杣のグループは、「杣頭」とよばれる長に率いられて山に入り、小屋を建てた(上)。左は、山小屋の中で寝食をともにする杣たち。
土屋秀世「官材画譜」国立国会図書館 蔵

28

木の伐採から運搬まで

図は、江戸時代に尾張藩領だった加子母山（現在の岐阜県中津川市加子母）での林業のようすをえがいたもの。加子母がある岐阜県東部の東濃地域は、古くから檜の産地として有名。

「加子母山伐木図巻 第1軸」国立国会図書館 蔵

❶木を伐る準備

▲山に入った杣たちが、大木を伐る準備にとりかかる。山刀で木の枝を伐ったり、木の根元を伐るための足場を組む木材を用意したりしている。

❷木を伐りたおす

杣が、木の根元に斧で3か所ほどの穴をあける。

木に縄を張り、みんなで力を合わせて木を引きたおす。

▲木曽や東濃の地域では「台切」という方法で木を伐った。のこぎりではなく斧を使い、木の根元から1mほどの部分に穴をあけ、徐々に伐りこんでから目的の場所にたおした。

伐り落とした枝を、木をたおす場所にしきつめておく。

❸木材を山からおろす

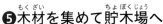

▲たおした木はすぐに丸太や角材に仕立てられ、日用たちによって山からおろされる。

❹木材を川から流す

▲日用たちによって木曽川の支流をくだっていく木材。下流の綱場とよばれる集材所まで運ばれる。

❺木材を集めて貯木場へ

◀綱場にたくさんの木材が集められる。図の左上には、木材がいかだ状に組まれ、各地の貯木場へ運ばれるようすがえがかれている。

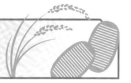

江戸時代の鉱業のようす

戦国時代からおこなわれていた鉱山の開発は、江戸時代のはじめのころにもっとも活発になります。江戸時代、幕府にとって重要だった鉱山を見てみましょう。

◆金・銀がたくさんとれた日本

日本では戦国時代から鉱業がさかんで、江戸時代に入るとさらに開発が進みます。全国には多くの鉱山があり、たくさんの金や銀が掘りだされました。

江戸時代のはじめのころに金や銀の産出量がもっとも多くなり、日本は世界有数の産出国となりました。とくに銀は、世界全体の産出量のおよそ3分の1をしめました。

金や銀を多く産出する鉱山は、幕府の財政をささえる重要な場所でした。そのため全国の鉱山の多くは幕府の直轄地である幕領の支配下となり、幕府によって開発や経営がさかんにおこなわれました。

鉱山で産出された金や銀は、小判などの貨幣になったほか、貿易品として輸出されたり、工芸品などの材料になったりしました。

しかし、17世紀中ごろになると金や銀の産出量が減っていきます。そこで幕府は輸出量を制限したり、貨幣にふくまれる金・銀の割合を少なくしたりしました。また、少なくなった金や銀にかわり、銅の産出が増えていきました。

金・銀の生産量を高めた灰吹法

灰吹法は、16世紀はじめに朝鮮半島から伝わった精錬法（不純物の多い金属から質のよい金や銀を取りだす技術）。灰吹法は江戸時代に全国の鉱山に広まり、日本の鉱業をささえた。

●銀をとりだす場合

❶鉱山から掘りだしてくだいた鉱石を、水をはった容器に入れてよく揺する。銀をふくんだ鉱石（銀鉱石）は重いので底にしずむ。底にある銀鉱石だけをとりだす。

❷炉の中に銀鉱石と鉛を入れて、高温で熱して銀と鉛の合金（貴鉛）をつくる。このとき、銀鉱石にふくまれる不要な鉱物はとけて炉の底に流れる。

❸貴鉛を灰の上に置き、炉の中で熱する。炉の中に酸素を吹きこむと、酸素と鉛がくっついて灰の中にしみこんでいく。灰の上には不純物がない銀だけが残る。

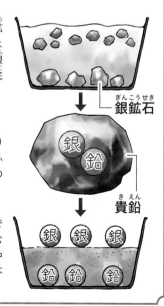

銀鉱石

貴鉛

石見銀山

石見国（島根県）大森にあった鉱山で、主に銀を産出していた。14世紀に発見されたといわれ、16世紀以降に灰吹法が導入されてから銀の生産量が大きく増えた。江戸時代は幕府の支配下に置かれ、石見でとれる質のよい銀は重要な貿易品となった。

江戸時代の主な鉱山

佐渡金銀山をはじめ、石見銀山、生野銀山、足尾銅山など、幕府にとって重要な鉱山は幕領の支配下に置かれた。

佐渡金銀山(➡P.32)

佐渡国(新潟県)にあった鉱山で、主に金や銀を産出していた。江戸時代初期には日本有数の金銀山のひとつとなり、江戸幕府の財政に大きく貢献した。

生野銀山

但馬国(兵庫県)生野にあった鉱山で、主に銀を産出した。1542年から戦国大名の山名氏によって本格的に開発され、のちに織田信長や豊臣秀吉も直接管理し、江戸幕府も幕領の支配下に置いた。17世紀のはじめに最盛期をむかえ、銀だけでなく銅や鉛も産出した。

足尾銅山

下野国(栃木県)足尾にあった鉱山で、銅を産出していた。1610年に本格的な経営がはじまり、1648年から幕府の御用銅山になった。足尾銅山によって、足尾の町は栄え、「足尾千軒」とよばれた。江戸時代中期以降、銅の産出量が減るが、明治時代の再開発でふたたび産出量が増えた。

別子銅山

➡P.45④別子銅山の銅の産出量の移りかわり

伊予国(愛媛県)にあった鉱山で、銅を産出していた。1691年に大坂の商人・住友吉左衛門(4代)によってひらかれ、それ以来、住友家が銅山の開発にあたった。幕府も銅の生産を奨励したことで日本を代表する銅山として栄え、17世紀末に最盛期をむかえた。

陸奥
出羽
佐渡
越後
能登
越中
加賀
飛騨
信濃
上野
下野
常陸
隠岐
越前
美濃
甲斐
武蔵
下総
出雲
伯耆
因幡
丹後
但馬
若狭
近江
尾張
駿河
相模
上総
石見
美作
丹波
山城
三河
遠江
伊豆
安房
備後
備中
備前
播磨
摂津
伊賀
伊勢
安芸
讃岐
淡路
和泉
河内
大和
志摩
伊予
土佐
阿波
紀伊

31

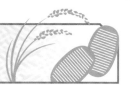

江戸時代の佐渡金銀山を見にいこう

江戸時代にとくに栄えた鉱山があった場所が佐渡です。島内の主な鉱山をまとめて「佐渡金銀山」とよびます。佐渡の鉱山では、どのような作業がおこなわれていたのでしょうか。

◆日本最大の鉱山・相川金銀山

　新潟県の佐渡は、古くから金や銀がとれる島として知られていました。島内には西三川砂金山をはじめ、鶴子銀山、新穂銀山などいくつかの鉱山がありました。そのため、江戸幕府は佐渡を幕領（→①巻）として、佐渡奉行所を置きました。佐渡奉行所は島の政治や金銀山を経営しました。

　島内にある鉱山のなかでも、江戸時代にもっとも栄えたのが相川金銀山です。相川金銀山では江戸時代を通して約4万キロの金と約1800万キロの銀がとれ、日本最大の金銀山でした。相川金銀山でとれた鉱石は、「勝場」とよばれる場所へ運ばれ、石うすや金づちで細かくくだき、水で洗うなどして金銀が選別されます。さらに「床屋」とよばれる場所で製錬の作業がおこなわれ、小判に加工されて、江戸へと運ばれました。

　相川金銀山が栄えると、近くの地域には佐渡奉行所を中心に京町や米屋町、味噌屋町といった町が計画的につくられていきました。また、繁栄に合わせて島外からやってくる人も増え、相川は一時期4〜5万人の人が住んでいたといわれています。そのため、食料や衣類、木材など生活に必要なものがたくさん島外から運ばれました。

　金銀の採掘は江戸時代以降もおこなわれましたが、しだいに産出量が少なくなり、1989（平成元）年に鉱山はしめられました。

◀佐渡奉行所（写真は復元）。1603年に幕府から佐渡の支配を命じられた大久保長安（→1巻）によって相川に置かれた。
写真提供：佐渡市教育委員会社会教育課佐渡学センター

◀佐渡にある西三川砂金山。長年にわたる砂金（金が砂のような粒状になったもの）とりで山肌がけずりとられた。

金の産出量の移りかわり（年号別平均）

佐渡金銀山は、寛永年間（1624〜1645年）は多くの金や銀を産出していたが、17世紀後半には産出量は半分以下に減っていた。

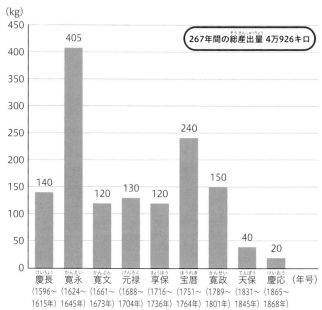

267年間の総産出量 4万926キロ

（kg）

年号	産出量
慶長（1596〜1615年）	140
寛永（1624〜1645年）	405
寛文（1661〜1673年）	120
元禄（1688〜1704年）	130
享保（1716〜1736年）	120
宝暦（1751〜1764年）	240
寛政（1789〜1801年）	150
天保（1831〜1845年）	40
慶応（1865〜1868年）	20

竹内誠 監修・市川寛明 編『一目でわかる江戸時代』（小学館、2004年）「佐渡金山の産出高」をもとに作成

佐渡金銀山での作業のようす

鉱山の中に掘った坑道内の地面や壁から鉱石を採掘し、近くの作業場で鉱石から金や銀をとりだしたり、それらを小判などに加工したりした。

坑道での採掘作業

▼鉱山内にはりめぐらされた坑道のようす。江戸時代後期にえがかれた。「佐渡の国金堀ノ巻」相川郷土博物館 蔵

坑道で採掘した鉱石を地上まで運ぶようす。

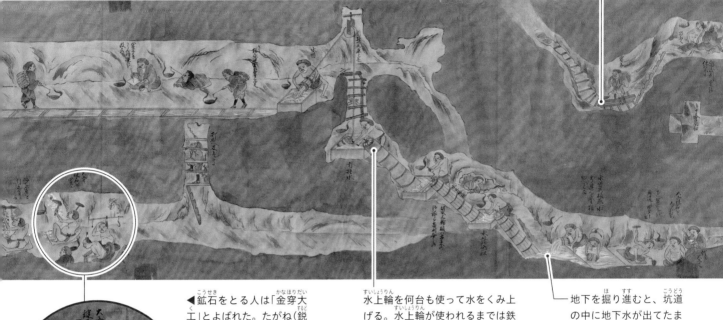

◀鉱石をとる人は「金穿大工」とよばれた。たがね（鋭い鉄の棒）をペンチのような道具ではさみ、金づちでたたいて鉱石をとった。

水上輪を何台も使って水をくみ上げる。水上輪が使われるまでは鉄のおけで水をくみ上げていた。

地下を掘り進むと、坑道の中に地下水が出てたまることがよくあった。

▶坑道にわきでる地下水を効率的に排水する道具、アルキメデスポンプ。ヨーロッパで開発され、日本には江戸時代になってから伝わった。日本では「水上輪」とよばれた。

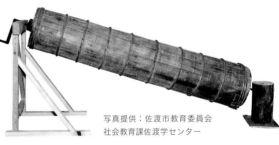

写真提供：佐渡市教育委員会
社会教育課佐渡学センター

金・銀をとりだす作業

「佐渡の国金堀ノ巻」相川郷土博物館 蔵

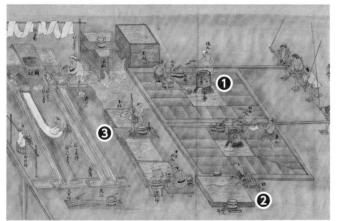

❶鉱石を石うすでひき、細かくくだく。
❷くだいた鉱石を水に入れて金銀をとりだしていく。
❸「ねこ場」とよばれる作業場では、木綿の布に金銀をくっつけて回収する。

小判をつくる作業

「佐渡の国金堀ノ巻」相川郷土博物館 蔵

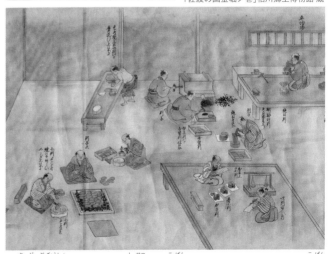

▲佐渡奉行所近くにあった施設での小判づくりのようす。金や銀は小判の形にととのえられ、表面に薬をつけて火で焼いたあと水で洗う。最後に塩などでみがいて小判の完成となる。

特産物の生産

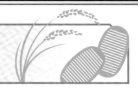

さまざまな商品作物

経済が発達するにつれて、村では米だけでなく、生活に必要なものをつくるための原料となるものなど、販売用の作物を栽培することが多くなりました。

◆さかんになる商品作物の栽培

　三都をはじめ各地で都市部が発展してくると、江戸時代中期以降、村の農業にも変化がでてきます。百姓は自分たちで食べたり、幕府や藩に年貢として納めたりするために栽培していた米や穀物・野菜などの農産物を、販売用としてもつくるようになったのです。これを商品作物(換金作物)といいます。大消費地である江戸に近い村々では、売ってお金にするためにさまざまな野菜がつくられました。

　商品作物として有名なのは、「四木三草」とよばれた桑や麻などで、ほかにも綿や油菜などが各地でさかんに栽培されました。これらは衣服や食料、さまざまな日用品の原料になりました。

▲綿つみのようす。綿をひとつひとつていねいにつみ、腰につけたかごや布の中に入れていく。大蔵永常「綿圃要務」2巻 国立国会図書館 蔵

＊「三草」の内容は、地域によって異なる場合がある。

江戸時代の主な商品作物

桑、茶、漆、楮の「四木」、麻、藍、紅花の「三草」は、合わせて「四木三草」とよばれた。これらのほかにも多くの商品作物があり、現在でも栽培されている。

四木

▲葉が蚕(右の写真)の飼料となる。蚕は脱皮後、まゆをつくりさなぎとなる。まゆからは糸がとれる。まゆを煮て、のばした糸を5〜7本より合わせると生糸ができる。

▶葉を蒸し、さましてから手もみをする。その後、焙じてから乾燥させることで、緑茶やほうじ茶などを飲むときに使う茶葉になる。

漆（うるし）

◀実を乾燥させてしぼると、ろうそくの原料であるろうになる。また、木の皮に傷をつけてだす樹液は、接着剤や防腐効果のある塗料となる。

楮（こうぞ）

▶木の皮の繊維が和紙の原料となる。あくで煮た木の皮をたたいてほぐし、水洗いする。さらにすいて乾かすと、じょうぶな和紙になる。

三草（さんそう）

麻（あさ）

◀茎の皮から繊維をとり、乾燥させて麻糸をつくる。麻糸を織った麻布からは、衣服や網、虫よけの蚊帳などがつくられる。

藍（あい）

▶葉や茎が染料の原料となる。葉や茎を発酵させ、うすでひいて小さく固めた藍玉をつくる。この藍玉で衣服を染める。

◀藍玉

紅花（べにばな）

◀花びらに水を加えてよくたたき、丸めて乾燥させて紅餅をつくる。紅餅は染料や口紅の原料となる。また、種からは油がとれる。

◀紅餅

その他の商品作物

綿（わた）

▶実の中の白くふわふわした綿をつむぎ、機織り機で木綿を織った。木綿は庶民の衣服の原料として広く使われていた。

油菜（あぶらな）

◀種を乾燥させて蒸すことで菜種油がとれる。江戸時代、菜種油は灯火用の油として使われていた。

たばこ

▶葉を乾かして発酵させたのち、干して細かくきざむ。キセルに入れたり紙で巻いたりして、嗜好品である「たばこ」をつくった。

藺草（いぐさ）

◀三角形の太い茎をさいて、畳表（畳の表面につけるござ）の原料とする。茎は、あんどんの火をつける部分である芯にもなった。

甘蔗（かんしょ）

▶「さとうきび」ともいう。茎をろくろにはさんで回し、汁をしぼりとる。汁に石灰をまぜて煮詰めると、砂糖になる。

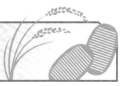

各地でつくられた特産物

第4章 特産物の生産

江戸時代中期以降、百姓たちは自分たちの手で地域に根ざした農産物にとどまらないさまざまな商品をつくるようになります。それらは各地の特産物になりました。

◆特産物の生産がさかんになる

　全国で特産物づくりがさかんになった理由のひとつに、江戸時代に入ってから陸や海の交通網が発達したことがあげられます。街道や航路で各地がつながり、物流がさかんになったことで、江戸や大坂、京都など大規模な消費地から遠く離れた地域でも商品づくりの産業が成り立つようになったからです。

　陸奥国（現在の岩手県など）盛岡地方の南部鉄器、出羽国（現在の山形県など）最上地方の紅花（紅餅）、備後国（現在の広島県）の備後表など、各地の風土に適したさまざまな特産物がつくられました。ほかにも高級な織物や陶磁器づくり、酒やしょう油づくりなどが各地で活発になりました。

　江戸時代後期には、村で百姓たちが都市の商人（問屋）からお金や道具を借りて、自分の家で手工業による商品（特産物）づくりをおこなうようになります。これを問屋制家内工業といいます。

▶瀬戸内海沿岸での塩づくりのようす。江戸時代前期、潮のみちひきを利用して塩をつくる入浜塩田が考えだされた。それまでのように多くの人手を使わず、たくさんの塩が得られるようになり、特産物として有名となった。
歌川貞秀 画「西国名所之内十二赤穂千軒塩屋」たばこと塩の博物館 蔵

◀村で綿織物をつくる農家の主人のもとに、商人が買いつけにきているようす（江戸時代後期）。主人の家の中では、女性が機械で織物を織っている。
秋里籬島「河内名所図会」6巻 国立国会図書館 蔵

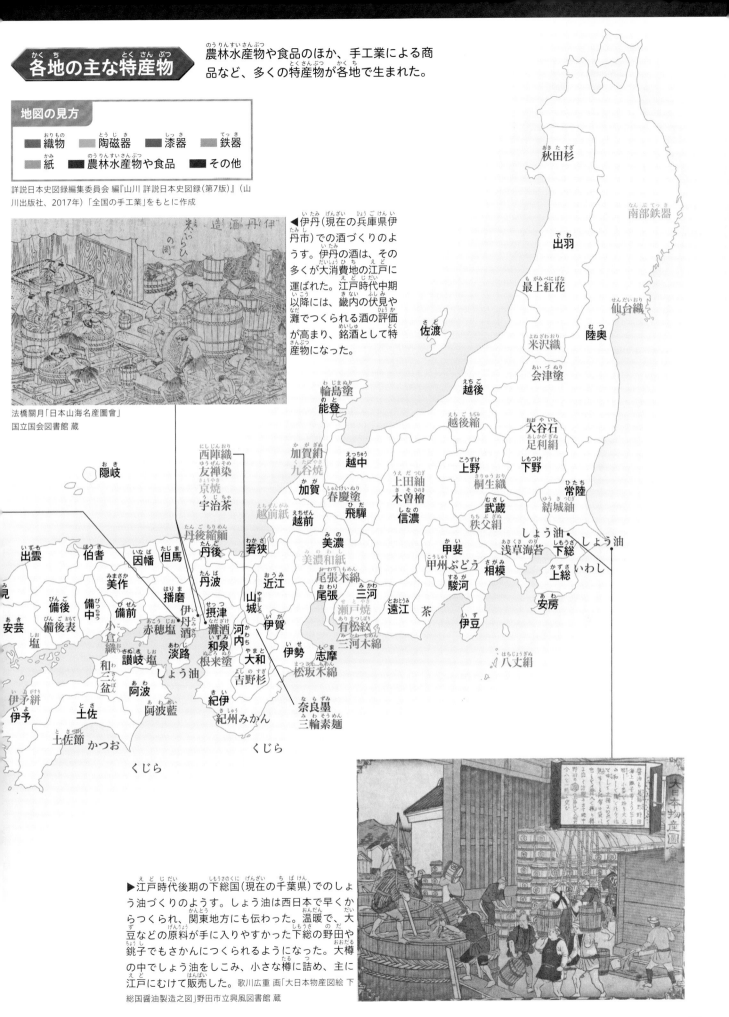

各地の主な特産物

農林水産物や食品のほか、手工業による商品など、多くの特産物が各地で生まれた。

◀伊丹（現在の兵庫県伊丹市）での酒づくりのようす。伊丹の酒は、その多くが大消費地の江戸に運ばれた。江戸時代中期以降には、畿内の伏見や灘でつくられる酒の評価が高まり、銘酒として特産物になった。

法橋關月「日本山海名産圖會」
国立国会図書館 蔵

秋田杉
南部鉄器
出羽
最上紅花
仙台織
佐渡
米沢織
陸奥
輪島塗
能登
会津塗
越後
越中
越後縮
大谷石
足利絹
加賀絹
九谷焼
上野
桐生織
下野
常陸
西陣織
友禅染
京焼
宇治茶
越前紙
春慶塗
飛騨
上田紬
木曽檜
信濃
武蔵
秩父絹
結城紬
隠岐
丹後縮緬
若狭
美濃
甲斐
浅草海苔
下総
しょう油
しょう油
出雲
伯耆
因幡
但馬
丹後
加賀
越前
美濃和紙
尾張木綿
甲州ぶどう
相模
上総
いわし
美作
丹波
近江
尾張
三河
駿河
石見
備後
備中
備前
播磨
山城
伊賀
瀬戸焼
有松紋
遠江
茶
安芸
備後表
小倉織
伊丹酒
摂津
灘酒
和泉
河内
大和
伊勢
志摩
三河木綿
八丈絹
伊豆
赤穂塩
讃岐塩
淡路
根来塗
安房
和三盆
しょう油
松坂木綿
伊予絣
阿波
阿波藍
紀伊
吉野杉
奈良墨
三輪素麺
伊予
土佐
紀州みかん
土佐節
かつお
くじら
くじら

▶江戸時代後期の下総国（現在の千葉県）でのしょう油づくりのようす。しょう油は西日本で早くからつくられ、関東地方にも伝わった。温暖で、大豆などの原料が手に入りやすかった下総の野田や銚子でもさかんにつくられるようになった。大樽の中でしょう油をしこみ、小さな樽に詰め、主に江戸にむけて販売した。歌川広重 画「大日本物産図絵 下総国醤油製造之図」野田市立興風図書館 蔵

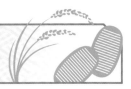

幕府や藩が保護した特産物

江戸幕府や藩が領内の産業を保護し、その発展につとめたことで、全国の特産物づくりは活性化していきました。江戸時代に発展した各地の特産物をくわしく見ていきましょう。

◆各地で保護された特産物づくり

織物や陶磁器、漆器など、いまも見ることのできるさまざまな工芸品は、その多くが江戸時代に生まれたり、製法や技術が発達したりしました。その背景には、江戸幕府や諸藩が領内の産業を大切に育て、工芸品など特産物の開発につとめたことがあります。江戸時代中期以降は、領内の特産物を藩が買いしめ、領内や領外で独占的に販売することも多くなります。そうして得られた利益は、藩の財政のたすけになりました。

◀会津藩（福島県など）の特産物だった会津漆器（➡1巻）。
写真提供：公益財団法人 福島県観光物産交流協会

各地のさまざまな特産物

江戸時代に幕府や藩が保護し、各地でさかんにつくられた特産物。いまも製法や技術がその地域の人々に受け継がれ、大切に守りつづけられている。

桐生織（江戸幕府）

群馬県桐生市のある地域で1300年以上前からつくられている絹織物。江戸時代に京都の西陣織の技術をとり入れて発展した。江戸時代後期には幕府の保護を受け、高級絹織物として広く知られるようになった。

▲桐生織。織物の織り方は7種類あり、それぞれ異なる風合いや模様がある。写真提供：群馬県

南部鉄器（盛岡藩）

盛岡藩（岩手県）で、江戸時代中期からつくられるようになった鉄器。この地域は鉄がよくとれ、鋳物業がさかんだったことから、17世紀後期に盛岡藩主が京都から職人をよび寄せて茶釜をつくらせたのがはじまり。

▲南部鉄器。鉄器の多くには、表面に丸くて細かい突起（あられ）がある。写真提供：経済産業省 東北経済産業局

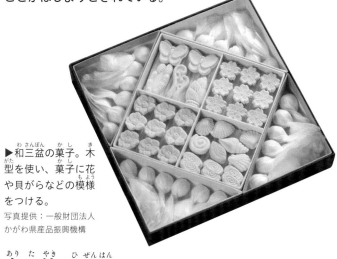

▶美濃和紙。紙の表面はなめらかで、薄くても布のように丈夫なつくり。
写真提供：本美濃紙保存会

美濃和紙（尾張藩）

1300年以上前からつくられはじめ、鎌倉時代から全国的に広まった和紙。江戸時代には、尾張国（愛知県）をおさめ、美濃国（岐阜県）にも領地があった尾張藩の特産物となった。とくに高級しょうじ紙として人気を博した。

和三盆（高松藩、徳島藩）

さとうきびのしぼり汁からつくる砂糖のことで、江戸時代から高級和菓子の原料に使われるようになった。18世紀末に高松藩（香川県）が、医者の池田玄丈らに砂糖の製造を命じたことがはじまりとされている。

▶和三盆の菓子。木型を使い、菓子に花や貝がらなどの模様をつける。
写真提供：一般財団法人かがわ県産品振興機構

備後表（福山藩、広島藩）

現在の広島県をおさめていた福山藩や広島藩で、16世紀中ごろからつくられている畳表（畳の表面につけるござ）。江戸時代には一度にたくさんつくる技術が生まれ、広く売りだされるようになった。色つやがよく、いまも高級品の畳表として知られている。

▲備後表。じょうぶな藺草を選んでつくるので表面がはげにくく、色つやもよい。写真提供：福山市

有田焼（肥前藩）

肥前藩（佐賀県）有田地方の特産物として、江戸時代前期からつくられている磁器。1616年に朝鮮から渡来した職人がこの地で磁器をつくったことがはじまりとされている。藩領にあった伊万里港から積みだされたことから「伊万里焼」ともよばれている。

輪島塗（加賀藩）

石川県輪島市でつくられている漆器で、江戸時代にこの地をおさめていた加賀藩の特産物だった。港町である輪島は海運で栄え、ここを通る北前船（➡3巻）によって輪島塗は日本各地に運ばれていった。

▲有田焼。透明感のある白に、あざやかに色づけされた藍や赤が特徴。
写真提供：有田観光協会

▲輪島塗。木のうつわに漆を塗り重ね、表面に金粉と銀粉を用いた蒔絵をほどこす。写真提供：輪島漆器商工業協同組合

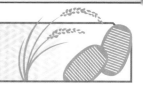

改革で力をつけた藩

江戸時代後期から末期にかけて、主に産業の分野での改革で力をつけていく藩がでてきました。これらの藩は、領内でどのような改革をおこなっていたのでしょうか。

◆西洋の技術をとり入れた藩

江戸幕府や諸藩が財政難におちいるなか、江戸 →①巻 時代後期には独自の改革をおこなって財政を立て直す藩がでてきました。これらの藩の多くは、領民からの年貢にたよるだけでなく、領内や三都の有力商人たちとの結びつきを強め、積極的な経済活動を展開していきました。特産物の生産力を高め、藩の管理で領外の地域への販売を押し進める藩専売制もそのひとつです。また、中級・下級武士であっても、有能な人材であれば藩政の中枢に参加させました。

このように産業や人材登用に力を入れ、財政を安定させて藩の力を強めることに成功した藩を「雄藩」といいます。雄藩は江戸時代末期には幕府に対して強い影響力をもつようになり、軍事力の強化を目的に西洋の技術も積極的にとり入れていきました。

肥前藩

10代藩主の鍋島直正のもと藩政改革がおこなわれた。特産物の有田焼など陶磁器を専売にし、ヨーロッパなどにも輸出した。西洋技術の導入にも積極的で、領内に反射炉をつくり、大砲の製造などをおこなうなど軍事力の強化にもつとめた。

鍋島直正
（1815～1871年）

国立国会図書館 蔵

長州藩

13代藩主の毛利敬親のもと、藩士の村田清風の指導で藩政改革がおこなわれた。特産物である紙やろうの専売を強化したり、下関の港に越荷方を置いたりして利益をあげ、藩の財政を立て直した。

村田清風
（1783
～1855年）

「村田清風肖像画」山口県立山口博物館 蔵

薩摩藩

8代藩主の島津重豪のときに下級武士だった調所広郷を起用し、特産物の黒砂糖を専売にしたり、琉球（沖縄県）を通して清（中国）と密貿易をおこなったりして大きな利益をあげた。11代藩主・斉彬のときには、西洋の技術を多くとり入れ、海防や軍事力の強化に役立てた。

島津斉彬
（1809～1858年）

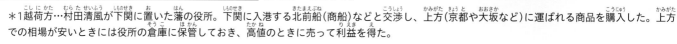

＊1越荷方…村田清風が下関に置いた藩の役所。下関に入港する北前船（商船）などと交渉し、上方（京都や大坂など）に運ばれる商品を購入した。上方での相場が安いときには役所の倉庫に保管しておき、高値のときに売って利益を得た。

主な雄藩の藩政改革

それぞれの藩が独自の改革をうちだしていった。雄藩のなかでも薩摩藩、長州藩、土佐藩、肥前藩は「西南雄藩」とよばれた。

越前藩（福井藩）

16代藩主の松平慶永（春嶽）のもと藩政改革がおこなわれた。長崎や横浜に交易の拠点をつくり、特産物の生糸などの販路を開拓した。また、藩校・明道館の設立、軍事力強化のために西洋式砲術などをとり入れた。改革にあたり、橋本佐内や由利公正など若い藩士を起用している。

橋本左内
（1834〜1859年）
国立国会図書館 蔵

陸奥

出羽

佐渡

能登

越後

越中

下野

常陸

水戸藩

9代藩主の徳川斉昭のもと藩政改革がおこなわれた。特産物の専売、藩士のための学校・弘道館の設立、西洋式の兵学の導入など、政策は多くの分野におよんだ。改革にあたっては、藤田東湖ら改革派の藩士を積極的に起用している。

徳川斉昭
（1800〜1860年）
「徳川斉昭画像」東京大学史料編纂所 蔵

隠岐

加賀

飛騨

信濃

上野

武蔵

甲斐

相模

下総

上総

越前

丹後

若狭

美濃

尾張

駿河

安房

伯耆

因幡

但馬

丹波

近江

山城

伊賀

三河

遠江

伊豆

美作

播磨

摂津

河内

伊勢

志摩

備前

和泉

大和

讃岐

淡路

阿波

紀伊

宇和島藩

8代藩主の伊達宗城のもと藩政改革がおこなわれた。特産物である紙やろうなどの専売を強化したほか、軍事力の強化を目的として、西洋式兵学の専門家・村田蔵六（大村益次郎）を招き、藩士の指導にあたらせた。

村田蔵六（大村益次郎）
（1825〜1869年）
国立国会図書館 蔵

土佐藩

15代藩主の山内豊信（容堂）のもと藩政改革がおこなわれた。藩士の吉田東洋を起用。紙やしいたけ、しょうのうの専売を強化し、藩の財政を立て直した。教育制度の整備や海防の強化にも取り組んだ。

山内豊信（容堂）
（1827〜1872年）
国立国会図書館 蔵

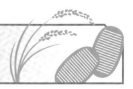

日本の重工業のはじまり

江戸時代後期から明治時代にかけて、雄藩や江戸幕府は西洋の技術を導入した近代的な工場を各地につくりました。それらはのちに日本の重工業を発展させていきます。

◆幕府と雄藩がつくった工場

江戸時代後期から末期にかけて藩政改革に成功した雄藩は、日本の近海にひんぱんにあらわれるようになった外国船に対する軍事力を強化するために、西洋の技術を導入した工場や施設をつくるようになります。

たとえば肥前藩は、金属を精錬する施設「反射炉」をそなえた大砲製造所をつくりました。薩摩藩も反射炉をそなえた「集成館」という工場をつくったり、イギリス人技師をまねいて紡績工場を建設したりしました。薩摩藩はまた、長崎にいたイギリス商人・グラバーから西洋の武器などを購入し、軍事力の強化につとめました。

ほかにも、水戸藩は江戸の石川島に造船所をつくるなど、各藩が西洋の技術をとり入れ、大規模な工場で鋼鉄をあつかう重工業に力を入れはじめるようになります。

一方、江戸幕府も伊豆国（現在の静岡県）韮山に反射炉を築かせたり、フランス人技師の指導で横須賀に造船所を建設したりしました。

雄藩や幕府がつくったこれらの近代的な工場は、のちの明治時代につくられた官営工場の基礎となりました。

幕府や藩の産業施設

幕府や藩は国内外から技術者などを招き、西洋技術を導入した工場などをつくっていった。

幕府や藩の反射炉

反射炉は「銑鉄」とよばれる不純物を多くふくむ鉄から、良質の鉄をとりだすための溶鉱炉。江戸時代末期に肥前藩で建設されたのをはじめ、薩摩藩、長州藩、水戸藩などでもつくられた。反射炉で得た鉄は加工され、主に大砲づくりに利用された。

●反射炉のしくみ

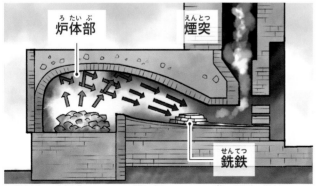

▲反射炉の炉体部でおこした炎や熱を、アーチ型の天井に反射させ、一点に集中させることで銑鉄を溶かす。

静岡県伊豆の国市にある反射炉（韮山反射炉）。幕府によってつくられ、1857年に完成した。塔のような部分が煙突で、その下に炉体がある。写真提供：静岡県観光協会

薩摩藩の西洋式工場群

1852年に薩摩藩主の島津斉彬が、藩の軍事力強化や産業の発展のためにつくった西洋式工場群で「集成館」とよばれた。反射炉を使っての大砲をはじめ、火薬、化学薬品、織物、陶磁器、ガラス器などさまざまな武器や特産物がつくられた。

▲集成館の旧機械工場の建物。現在は「尚古集成館」という博物館になっている。写真提供：公益社団法人 鹿児島県観光連盟

▲集成館に日本初の洋式紡績工場をつくったときに招いたイギリス人技師の宿舎。写真提供：公益社団法人 鹿児島県観光連盟

幕府の造船所

1865年に江戸幕府によってつくられた大規模な造船所。開国後、江戸の近くに大きな船をとめて修理できる施設が必要となり、横須賀が選ばれた。最初は「横須賀製鉄所」という名前だったが、のちに「横須賀造船所」にかわった。造船所建設のときには、フランスから技師がよばれた。

▲横須賀港につくられた横須賀造船所のようす（明治時代前期）。多くの船が港に入り、船の建設や修理のための施設であるドックも見える。「横須賀港一覧絵図」横須賀市自然・人文博物館 蔵

◆新しい時代の産業へ

江戸幕府は反射炉や造船所をつくるかたわら、洋学の教育・研究機関をつくったり、講武所という軍事訓練所をもうけて洋式砲術などを学ばせたりしました。薩摩藩や長州藩など雄藩も、外国に留学生を派遣し、軍事技術や科学、政治などの分野を学ばせました。

こうした西洋文明を学ぶ動きは、幕府が滅亡して明治時代に入ると、近代産業によって経済を発展させ国力を強くするという殖産興業へといかされました。薩摩藩や長州藩の人々が主導した明治新政府は旧幕府・藩の機械工場や造船所を官営の工場とし、軽工業や重工業をさらに発展させました。幕府や雄藩がはじめた工業の近代化は、新しい時代の産業へといかされていったのです。

▲鉄道は明治時代初期に開通。都市と都市をむすぶ新たな交通手段となった。立斎広重 画「東京汐留鉄道舘蒸汽車待合之図」国立国会図書館 蔵

▲官営の機械製糸工場だった群馬県の富岡製糸場。日本の主な輸出品のひとつだった生糸の生産量を増やすためにつくられた。
一曜斎国輝 画「上州富岡製糸場之図」国立国会図書館 蔵

①村の運営にかかる経費の移りかわり

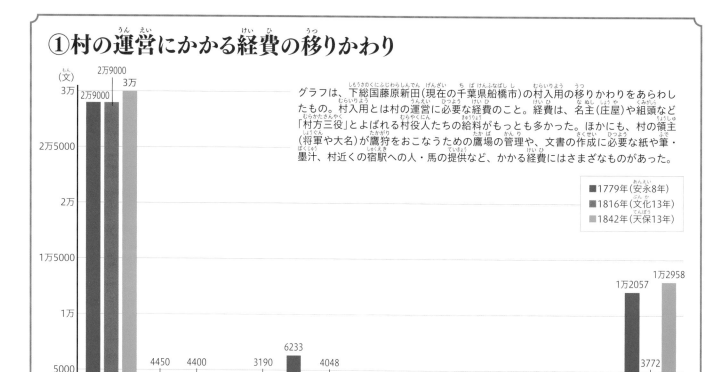

グラフは、下総国藤原新田（現在の千葉県船橋市）の村入用の移りかわりをあらわしたもの。村入用とは村の運営に必要な経費のこと。経費は、名主（庄屋）や組頭など「村方三役」とよばれる村役人たちの給料がもっとも多かった。ほかにも、村の領主（将軍や大名）が鷹狩をおこなうための鷹場の管理や、文書の作成に必要な紙や筆・墨汁、村近くの宿駅への人・馬の提供など、かかる経費にはさまざまなものがあった。

凡例：
- 1779年（安永8年）
- 1816年（文化13年）
- 1842年（天保13年）

（文）
項目	1779年	1816年	1842年
村役人給金	2万9000	2万9000	3万
年貢など	4450	3000	4400
鷹場	1532	2933	3190
出張・寄合	6233	2361	4048
飛脚	1420	94	1151
筆や墨、紙	654	1500	2023
勧化・浪人		248	1196
助郷・出役			2042
その他	1万2057	3772	1万2958

菅野貞男「近世後期の村入用について」（『千葉県の歴史』第13号、1977年）、竹内誠 監修『江戸時代館』（小学館、2013年）「村の運営と経費」をもとに作成

②ある百姓夫婦の1年間の収入と支出

グラフは、田6反、畑6反をもつ夫婦ふたりの場合（1反は約992m²、6反は約0.6ヘクタール）。1年間の収入から、年貢納めや村入用、農具代など農作業にかかるさまざまな経費、その他1年間に必要な生活費を差し引くと、金3分（金4分で1両）ほどが夫婦の手元に残った。

＊金1両＝銭6貫900文として換算

葉山禎作「耕作仕様書・改題」（『日本農書全集22』農山漁村文化協会、1980年）、竹内誠 監修『江戸時代館』（小学館、2013年）「農民経営の収支計算例」をもとに作成

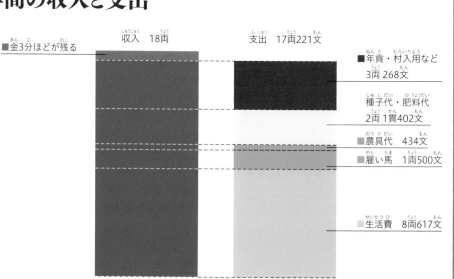

- 金3分ほどが残る
- 収入　18両
- 支出　17両221文
- 年貢・村入用など　3両268文
- 種子代・肥料代　2両1貫402文
- 農具代　434文
- 雇い馬　1両500文
- 生活費　8両617文

③木曽の杣と日用の人数（1837年ごろ）

グラフは、長野県の木曽地域の杣と日用（→P.28）の人数をあらわしたもの。木曽地域は、江戸時代前期から檜（木曽檜）の伐採や加工を中心とした林業で栄えた。村々には多くの杣や日用がいて、林業にたずさわった。

合計 約770人

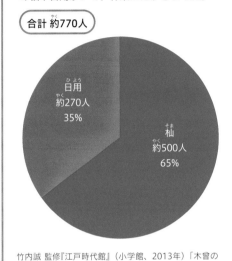

日用
約270人
35%

杣
約500人
65%

竹内誠 監修『江戸時代館』（小学館、2013年）「木曽の村々の杣と日傭」をもとに作成

④別子銅山の銅の産出量の移りかわり

17世紀中ごろには鉱山での金・銀の産出量が減り、それにかわって銅の産出に力が入れられた。伊予国（現在の愛媛県）にあった別子銅山は、日本有数の銅の産出量をほこった。

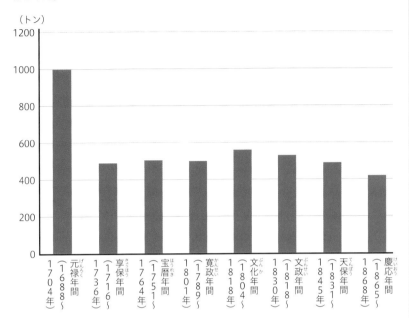

（トン）

元禄年間（1688〜 1704年）	享保年間（1716〜 1736年）	宝暦年間（1751〜 1764年）	寛政年間（1789〜 1801年）	文化年間（1804〜 1818年）	文政年間（1818〜 1830年）	天保年間（1831〜 1845年）	慶応年間（1865〜 1868年）

竹内誠 監修・市川寛明 編『一目でわかる江戸時代』（小学館、2004年）「別子銅山の産出高」をもとに作成

⑤上方から江戸に運ばれた下り酒の量

江戸時代中期以降、多くの人口をかかえる江戸では酒の消費量が大きく増えた。上方（畿内を中心とする西日本の地域）でつくられる酒は味がよく、「下り酒」とよばれて江戸でよく飲まれた。とくに摂津国の灘（現在の兵庫県神戸市・西宮市）でつくられる酒は人気を博し、海運の発達もあって江戸に多く運ばれた。

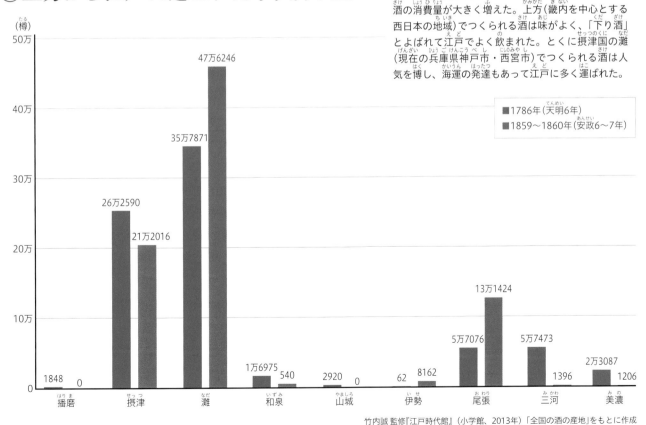

（樽）

■ 1786年（天明6年）
■ 1859〜1860年（安政6〜7年）

	播磨	摂津	灘	和泉	山城	伊勢	尾張	三河	美濃
1786年	1848	26万2590	35万7871	1万6975	2920	62	5万7076	5万7473	2万3087
1859〜1860年	0	21万2016	47万6246	540	0	8162	13万1424	1396	1206

竹内誠 監修『江戸時代館』（小学館、2013年）「全国の酒の産地」をもとに作成

さくいん

ここでは、この本に出てくる重要なことばを50音順にならべ、そのことばについてくわしく説明しているページをのせています。

監修：小酒井大悟

1977年、新潟県生まれ。2008年、一橋大学大学院社会学研究科博士後期課程修了。博士（社会学）。2022年3月現在、東京都江戸東京博物館学芸員。専門は日本近世史。著書に『近世前期の土豪と地域社会』（清文堂出版、2018年）がある。

◆装丁・本文デザイン・DTP
五十嵐直樹・吉川層通・安田美津子
（株式会社ダイアートプランニング）

◆指導
由井薗健（筑波大学附属小学校）
関谷文宏（筑波大学附属中学校）

◆イラスト
サッサ
佐藤真理子

◆図版
坂川由美香（AD・CHIAKI）

◆編集協力
鈴木愛

◆校正
有限会社一梓堂

◆編集・制作
株式会社童夢

取材協力・写真提供

相川郷土博物館／有田観光協会／一般財団法人かがわ県産品振興機構／稲沢市教育委員会／群馬県／経済産業省 東北経済産業局／公益社団法人 鹿児島県観光連盟／公益財団法人藤樹書院／国立公文書館／国立国会図書館／佐渡観光PHOTO／佐渡市教育委員会社会教育課佐渡学センター／静岡県観光協会／静岡県立中央図書館／たばこと塩の博物館／東京国立博物館／東京大学史料編纂所／にしのみやオープンデータサイト／野田市立興風図書館／福山市／本美濃紙保存会／真鶴町／山口県立山口博物館／横須賀市自然・人文博物館／輪島漆器商工業協同組合

写真協力

株式会社フォトライブラリー／ピクスタ株式会社／ColBase（https://colbase.nich.go.jp/）／Minneapolis Institute of Arts／The Art Institute of Chicago／The Metropolitan Museum of Art

江戸時代大百科 ④
大百科
江戸時代の産業

あそびをもっと、
まなびをもっと。

こどもっとラボ

発行	2022年4月　第1刷
監修	小酒井大悟
発行者	千葉 均
編集者	崎山貴弘
発行所	株式会社ポプラ社
	〒102-8519　東京都千代田区麹町4-2-6
ホームページ	www.poplar.co.jp（ポプラ社）
	kodomottolab.poplar.co.jp（こどもっとラボ）
印刷・製本	大日本印刷株式会社

©POPLAR Publishing Co.,Ltd. 2022
ISBN 978-4-591-17286-5 ／ N.D.C. 210 ／ 47p ／ 29cm Printed in Japan

江戸時代大百科

全6巻

セットN.D.C.210

監修：東京都江戸東京博物館 学芸員　小酒井大悟

◆社会科で学習する江戸幕府の支配体制や江戸時代の人々のくらし、文化などの内容に対応しています。

◆伝統工芸や伝統芸能など、江戸時代とかかわりの深い伝統的な文化についても知ることができます。

◆交通や産業、文化など、1巻ごとにテーマをもうけているため、興味のある内容をすぐに調べることができます。

◆多くの図表やグラフ、当時えがかれた錦絵などを活用し、具体的な数字やイメージをもとに解説しています。

小学校高学年から　Ａ４変型判／各47ページ
図書館用特別堅牢製本図書

江戸時代のおもなできごと

この年表では、江戸時代におこったおもなできごとを紹介します。★は文化にかかわるできごとです。

将軍	年	おもなできごと
家康（いえやす）	1600	●オランダ船リーフデ号、豊後に漂着。乗組員だったイギリス人ウィリアム・アダムズとオランダ人ヤン・ヨーステンが家康に面会。 ●関ヶ原の戦いで徳川家康ひきいる東軍が西軍をやぶる。
	1603	●徳川家康が征夷大将軍となり、江戸幕府を開く。 ★出雲阿国が京都でかぶき踊りをはじめる。
	1604	●幕府が糸割符制度を定める。
秀忠（ひでただ）	1605	●家康が征夷大将軍を辞任し、徳川秀忠が2代将軍になる。
	1607	●朝鮮の使節が日本を訪れる。 ●角倉了以が富士川の水路を開く。
	1609	●薩摩藩の島津家が琉球王国を征服。 ●対馬藩の宗家が朝鮮と己酉約条をむすぶ。 ●オランダが平戸に商館を設置。
	1610	●家康がメキシコへ使節を派遣する。
	1612	●幕府が直轄領にキリスト教を禁止する禁教令を出す。
	1613	●仙台藩の藩主・伊達政宗が慶長遣欧使節をヨーロッパに派遣。 ●幕府が全国に禁教令を出す。
	1614	●大坂冬の陣。
	1615	●家康が大坂夏の陣で豊臣家をほろぼす。 ●幕府が一国一城令を定める。 ●幕府が武家諸法度と禁中並公家諸法度を定める。
	1616	●家康死去。 ●幕府がヨーロッパの商船の来航を平戸と長崎に限定する。
	1617	★日光東照宮造営。
家光（いえみつ）	1624	●幕府がスペイン船の来航を禁止。
	1629	●紫衣事件がおこる。
	1631	●幕府が奉書をもつ船以外の海外渡航を禁止する。
	1635	●幕府が外国船の入港を長崎に限定し、日本人の海外渡航・帰国を禁止する。 ●幕府が武家諸法度を改訂し、参勤交代の制度を確立させる。
	1636	●長崎に出島が完成。
	1637	●島原・天草一揆がおこる（〜1638）。
	1639	●幕府がポルトガル人の来航を禁止。
	1641	●幕府がオランダ商館を平戸から長崎の出島に移転させる。
	1643	●幕府が田畑永代売買禁止令を出す。
家綱（いえつな）	1651	●幕府が末期養子の禁を緩和。
	1657	●江戸で明暦の大火がおこる。 ★徳川光圀が『大日本史』の編さんに着手。
	1669	●蝦夷地でシャクシャインの戦いがおこる。
	1671	●河村瑞賢が東廻り航路を開く。
	1673	●三井高利が江戸で呉服店、三井越後屋を開業。
綱吉（つなよし）	1684	★渋川春海が天文方に任命される。
	1685	●徳川綱吉が最初の生類憐みの令を出す。
	1688	★井原西鶴『日本永代蔵』刊行。
	1689	★松尾芭蕉が『おくのほそ道』の旅に出発。
	1694	●江戸で十組問屋が成立。
	1695	●荻原重秀の意見により金銀貨幣を改鋳。
	1697	★宮崎安貞『農業全書』刊行。
	1702	●赤穂事件がおこる。
	1703	●近松門左衛門『曽根崎心中』初演。
家宣（いえのぶ）	1709	●綱吉死去。徳川家宣が6代将軍となり、間部詮房と新井白石が登用される（正徳の治）。生類憐みの令を廃止。 ★貝原益軒『大和本草』刊行。
家継（いえつぐ）	1715	●幕府が海舶互市新令（長崎新令）を定める。
吉宗（よしむね）	1716	●徳川吉宗が8代将軍となり、享保の改革がはじまる。
	1720	●江戸に町火消「いろは47組（のち48組）」設置。
	1721	●幕府が目安箱を設置。 ●幕府が小石川薬園を設置。
	1722	●幕府が上米の制を定める。 ●幕府が小石川薬園内に養生所を設置。
	1723	●幕府が足高の制を定める。
	1732	●享保の飢饉がおこる。
	1742	●公事方御定書が完成。
家重（いえしげ）	1758	●宝暦事件がおこる。
家治（いえはる）	1767	●田沼意次が側用人となる。 ●米沢藩の藩主・上杉治憲（鷹山）が藩政改革をはじめる。
	1774	★杉田玄白・前野良沢ら『解体新書』刊行。
	1776	★上田秋成『雨月物語』刊行。
	1779	★塙保己一『群書類従』の編さんに着手。